Picasso

Série Biografias **L&PM** POCKET:

Albert Einstein – Laurent Seksik
Andy Warhol – Mériam Korichi
Átila – Éric Deschodt / Prêmio "Coup de coeur en poche" 2006 (França)
Balzac – François Taillandier
Baudelaire – Jean-Baptiste Baronian
Beethoven – Bernard Fauconnier
Billie Holiday – Sylvia Fol
Buda – Sophie Royer
Cézanne – Bernard Fauconnier / Prêmio de biografia da cidade de Hossegor 2007 (França)
Freud – René Major e Chantal Talagrand
Gandhi – Christine Jordis / Prêmio do livro de história da cidade de Courbevoie 2008 (França)
Jesus – Christiane Rancé
Júlio César – Joël Schmidt
Kafka – Gérard-Georges Lemaire
Kerouac – Yves Buin
Leonardo da Vinci – Sophie Chauveau
Lou Andreas-Salomé – Dorian Astor
Luís XVI – Bernard Vincent
Marilyn Monroe – Anne Plantagenet
Michelangelo – Nadine Sautel
Modigliani – Christian Parisot
Napoleão Bonaparte – Pascale Fautrier
Nietzsche – Dorian Astor
Oscar Wilde – Daniel Salvatore Schiffer
Pasolini – René de Ceccatty
Picasso – Gilles Plazy
Rimbaud – Jean-Baptiste Baronian
Shakespeare – Claude Mourthé
Van Gogh – David Haziot / Prêmio da Academia Francesa 2008
Virginia Woolf – Alexandra Lemasson

Gilles Plazy

Picasso

Tradução de Paulo Neves

www.lpm.com.br

L&PM POCKET

Coleção **L&PM** POCKET, vol. 576
Série Biografias/6

Texto de acordo com a nova ortografia

Título original: *Picasso*

Primeira edição na Coleção **L&PM** POCKET: fevereiro de 2007
Esta reimpressão: 2016

Tradução: Paulo Neves
Capa e projeto gráfico: Editora Gallimard. *Ilustrações*: *Femme nue allongée* (1955), Pablo Picasso. (Musée Picasso, Paris)
Revisão: Bianca Pasqualini e Renato Deitos

CIP-Brasil. Catalogação na fonte
Sindicato Nacional dos Editores de Livros, RJ.

P78p

Plazy, Gilles, 1942-
Picasso / Gilles Plazy ; tradução de Paulo Neves. – Porto Alegre, RS: L&PM, 2016.

224p.; 18cm; (Coleção L&PM POCKET ; v. 576)
Tradução de: *Picasso*
Inclui bibliografia
ISBN 978-85-254-1557-8

1. Picasso, Pablo, 1881-1973. 2. Artistas - Espanha - Biografia. 3. Arte moderna - Século XX - Espanha. I. Título. II. Série.

07-0220. CDD: 927
CDU: 929:7.036(460)

Rua Comendador Coruja 314, loja 9 – Floresta – 90220-180
Porto Alegre – RS – Brasil / Fone: 51.3225.5777 – Fax: 51.3221-5380

Pedidos & Depto. comercial: vendas@lpm.com.br
Fale conosco: info@lpm.com.br
www.lpm.com.br

Impresso no Brasil
2016

Sumário

O filho do pintor de pombos

Picasso, de início, não quer viver. Pelo menos hesita. Ou não sabe como fazer. No entanto, Maria Picasso y Lopez teve um parto normal, sofreu como quem sofre para o nascimento de um primeiro filho e recebeu ajuda de uma parteira que trouxe adequadamente o bebê ao mundo. Mas este, diante de uma plateia frustrada, permanece quieto. Nenhum grito, nenhuma respiração. Por sorte, o doutor Salvador Ruiz y Blasco, seu tio, fuma charuto (o nascimento, nessa época, não era regido por uma estrita higiene) e sopra-lhe em plena cara, voluntariamente ou não, por uma intuição benéfica ou num gesto de exasperação, uma baforada de fumaça acre que no mesmo instante desencadeia o reflexo que não se esperava mais. Assim, no dia 25 de outubro de 1881, em Málaga, aquele que alguns dias mais tarde será batizado com o nome de Pablo e posto também sob o apadrinhamento protetor de alguns outros santos faz-se notar desde o começo. Ele próprio não deixará de contar esse primeiro instante de sua história como um sinal anunciador de seu destino extraordinário. Foi a mãe que lhe relatou o fato ou ele que imaginou esse nascimento em suspense? Como Picasso se comprazerá mais de uma vez em embelezar sua biografia, não podemos confiar muito nas aparentes confidências de um homem tão atento quanto ele em edificar a própria lenda...

José Ruiz y Blasco tem 43 anos. Artista plástico sem prestígio, é professor assistente na Escola de Belas-Artes de Málaga há seis anos e há dois anos é conservador de um museu municipal recentemente criado, mas sonolento, no qual se dedica sobretudo à restauração de algumas obras menores. Esse andaluz é louro – o bastante para que o apelidassem de "o Inglês", magro, sensível, com uma certa tendência à melancolia, certamente devida a uma predisposição de temperamento, acentuada pela consciência dos limites de seu talento de artista e por uma decepção amorosa anterior ao casamento com Maria. Dos irmãos Ruiz, ele é o artista, o sonhador. Quanto a Salvador, é um médico já bastante reputado; Diego é diplomata, e don Pablo, falecido há pouco, pertencia ao cabido dos cônegos da catedral de Málaga. Esse homem da Igreja, que se tornou o chefe de família após a morte do pai, instalou em seu domicílio não apenas duas irmãs solteiras, Josefa e Matilda, mas também um José sem muita pressa de assumir responsabilidades sociais e engajado com paixão num caminho artístico em que o sucesso tardava a chegar: a prefeitura de Málaga fizera-lhe apenas uma modesta homenagem ao adquirir, em 1878, um *Pombal* que testemunhava tanto suas notáveis qualidades artesanais quanto a falta de originalidade de sua expressão. Mesmo pouco original, esse especialista em pombos (ele os cria antes de pintá-los) está ativamente envolvido no meio artístico da cidade, restrito, é verdade, mas bastante animado em torno de Bernardo Ferrandiz, um pintor de prestígio então.

José, o artista da família, não é o único a mostrar interesse pela arte: seu pai, um honorável fabricante de luvas encarregado de uma família numerosa (teve onze filhos, dois dos quais morreram ainda jovens), era músico, tocador de contrabaixo, e bom desenhista. Seus irmãos também apreciavam a arte: Diego praticava a pintura nas horas vagas, não sem talento; Pablo coleciona obras de arte religiosas; e Salvador, que casou com a filha de um escultor conhecido, considera-se um *expert*. Mas José é o único a ter feito da arte profissão, isto é, o único a não se preocupar com um ofício mais burguês e a se comprazer no convívio assíduo dos cafés onde se reúnem os artistas da pomposamente chamada "escola de Málaga". Trata-se de um grupo de artistas reunido em torno de dois pintores originários de Valencia, Bernardo Ferrandiz, já mencionado, e Antonio Muñoz Degrain, diretores sucessivos da Escola de Belas-Artes e bons representantes do academismo chique. Todavia, seja por lucidez em relação a seus dons, seja por desleixo, José parece não se envolver plenamente com a arte e não se aplica na elaboração de uma obra de real importância. Quando solteiro, é um homem mundano e brilhante conversador. Como chegou aos quarenta anos sem deixar a casa dos pais, por muito tempo não precisou se preocupar em ganhar a vida e pôde passar horas tranquilas entre o café de Chinitas e o prostíbulo de Lola la Chata, dois lugares muito frequentados na Málaga do final do século XIX. Esse porto do sul da Andaluzia não é, em 1881, uma cidade qualquer. Perdeu o lustro que teve no tempo dos mouros, mas seu clima, que faz da cidade um local de veraneio apreciado pelos ingleses, e uma certa riqueza devida à metalurgia e ao comércio do vinho da região (que foi próspero antes que a filoxera [uma praga] se abatesse, três anos antes, sobre as vinhas) lhe dão um ar amável. Mas convém não se equivocar: ela tem caráter, e sucedem-lhe às vezes movimentos de cólera que a fazem insurgir-se contra os excessos da autoridade real, cuja severidade precisa então suportar. Assim os generais Riego e Torrijos, com alguns anos de intervalo, foram mortos – um fuzilado, o outro enforcado – por terem sido rebeldes.

Com o desaparecimento prematuro do cônego, Salvador, o médico, ele também devoto, encarregou-se das duas irmãs, mas José teve de abandonar seus hábitos de adolescente tardio e voar com as próprias asas. Já era tempo de casar, ainda mais que a família contava com ele para perpetuar uma linhagem masculina à qual nenhum dos irmãos contribuíra, pois até então Salvador só havia engendrado duas filhas. Professor com uma remuneração medíocre e pintor com clientela mais ou menos inexistente, José não podia ter grandes pretensões no seio da burguesia à qual pertencia. Apaixonado por uma jovem que não teria correspondido a seus desejos e que o deixou para sempre despeitado, ele acabou por se voltar, aos quarenta anos, para Maria Picasso y Lopez, uma prima quinze anos mais moça, bastante graciosa, saudável e esperta, que certamente continuava solteira porque não possuía dote, de uma família respeitável mas pouco afortunada, sobretudo depois dos danos que a filoxera causou nas vinhas da propriedade. O pai de Maria, há vários anos funcionário aduaneiro em Cuba, enviava à esposa uma parte do salário, o que não era suficiente para assegurar a ela e às três filhas uma vida confortável. Com isso José, ao casar com Maria, viu-se encarregado de uma sogra e duas cunhadas, que logo vieram se instalar em sua casa, cujo ambiente feminino, dos mais calorosos, será um doce casulo para o pequeno Pablo, mimado com ternura.

De olhos e cabelos intensamente negros, Maria tem a aparência de uma verdadeira andaluza, embora, ao que parece, sua família seja de (remota) origem maiorquina. A menos que tivesse nas veias sangue italiano. O nome Picasso, com efeito, soa mais italiano que espanhol, e algum antepassado pode ter vindo de Gênova, onde um Matteo Picasso fez-se conhecer como pintor em décadas recentes. Nada garante, porém, que haja aí somente uma homonímia, e remontar o fio das genealogias não parece indispensável. Maria tem as qualidades necessárias para dar ao marido uma vida agradável, não obstante as dificuldades financeiras de uma atividade profissional medíocre: é uma esposa atenta e uma mãe muito carinhosa. O fato de o primeiro filho ter sido um homem alegra o jovem pai, e as duas filhas que nascem a seguir completam harmoniosamente o conjunto familiar. Lola nasce três anos depois do irmão, quando Málaga é sacudida por um terremoto que, durante vários dias, devasta a cidade; passam-se mais três anos e vem à luz uma segunda filha, Maria de la Concepción, dita Conchita.

Pablo Ruiz Picasso seria uma criança feliz se não precisasse ir à escola. Vive paparicado pelas mulheres da família e é amado pelo pai, que se orgulha de ter um filho tão dotado para o desenho. Uma lenda, alimentada pelo próprio pintor, afirma que a primeira palavra que teria pronunciado foi *lapiz* (lápis), pelo menos sob a forma infantil de *piz*. Desenhista precoce e instintivo, ele começa por desenhar, a acreditarmos no que diz, espirais que representam um famoso filhó, a *torruela.* Na Plaza de la Merced, onde fica o domicílio familiar e onde brincam as crianças do bairro, ele passa o tempo a desenhar no chão de terra em vez de se entregar às brincadeiras dos garotos de sua idade. As tranças dos galões dourados fabricados pelas duas tias maternas, Elodia e Eliodora, para ajudar a ganhar um pouco a vida, são uma outra fonte de inspiração requintada, à qual alguns críticos se referirão para explicar uma tendência cursiva da mão picassiana. Ele nunca faz, como dirá mais tarde, desenhos de criança? É realmente o pequeno Rafael que se vangloriará ter sido? A afirmação carece de provas, e seus primeiros desenhos conservados testemunham uma inabilidade que em nada sugere um gênio. Pode-se pensar que o olhar do pai, que pesa sobre suas primeiras tentativas gráficas, retém sua espontaneidade, mas é também esse mesmo pai que lhe põe na mão, quando tem apenas nove anos de idade, pincéis e pintura a óleo, permitindo-lhe realizar os primeiros quadros, uma marina aproximada e um toureiro imóvel. De todo modo ele demonstra, muito jovem, um talento particular: é capaz de desenhar, num só contorno, partindo de um ponto ou de outro, da orelha ou do rabo, um asno, e até mesmo recortá-lo assim com a tesoura, numa folha de papel, sem tê-lo traçado previamente.

O tio Antonio, marido de uma das irmãs de José Ruiz Blasco e homem ocioso, leva com frequência o pequeno Pablo a passear com as duas primas, filhas do tio Salvador, nas imediações do porto, onde a imaginação das crianças é avivada pela agitação do cais e pelo movimento dos barcos a vapor e dos veleiros. Málaga é também uma cidade secreta, interdita ao filho de boa família, uma cidade cigana amontoada ao pé do bairro mouro de Alcazaba e do castelo de Gibralfaro, num conjunto de casebres onde a população se alimenta quase exclusivamente de sopa de mariscos, cujas conchas, negligentemente abandonadas, juncam o chão. Há ali um outro mundo, estranho, fascinante, sobre o qual se contam histórias fantásticas, inquietantes, e de onde se eleva o *cante jondo*, voz cigana que é a memória moura da Espanha e que, como a tourada, é parte de sua essência.

A educação do pequeno andaluz se faz também sob o signo do sangue da arena, na violência viril e animal: os cavalos, naquele tempo, não são protegidos diante dos touros poderosos e raivosos, e não é raro que caiam desventrados. José, apaixonado por touradas, leva o filho à nova *Plaza de Toros*, inaugurada em 1876. Pablo tem dez anos e admira um matador de cabelos brancos. Outra vez, num quarto de hotel, é recebido pelo herói do dia que, em seu traje glorioso, o faz sentar-se sobre seus joelhos.

À escola ele decididamente não se acostuma, pouco se interessa pelo que lá se ensina e suporta mal a disciplina rigorosa. Berra no momento de ir, coloca as condições mais extravagantes para se deixar levar, ou inventa doenças, aproveitando a fraqueza dos pais, pouco inclinados a contrariá-lo, a enfrentar seu caráter obstinado. Na classe não para quieto e, se não é inteiramente o cábula que se orgulhará de ter sido, é um aluno medíocre. Mesmo um professor particular não consegue fazer dele um aluno aceitável. Todavia, como é inteligente e tem o espírito vivo, é provável que tenha aprendido facilmente a ler e a escrever, seguindo bem ou mal o curso de seus estudos.

Pablo não festeja seus dez anos em Málaga. A família instalou-se em La Coruña, onde José encontrou um cargo de professor menos subalterno e mais bem remunerado. Da Andaluzia à Galícia, do Mediterrâneo ao Atlântico, do sol à chuva, é um exílio para um homem tão afeiçoado à sua cidade natal, mas a razão econômica lhe impôs essa escolha: ele tem mais de cinquenta anos, filhos jovens e nenhum futuro em Málaga, onde seu cargo de conservador do museu foi extinto e onde a arte de pintar pombos lhe valeu somente uma pequena consideração. Em La Coruña, possui pelo menos um emprego menos fictício que o que tinha em Málaga, e isso numa escola recém-inaugurada. Lá dispõe, nas proximidades do porto, de um apartamento agradável com um terraço, na parte dos fundos, onde pode instalar um pombal e, na frente, uma sacada fechada, um *mirador*, de onde os filhos observam a vida da rua. Bem defronte, numa bela mansão, habita o doutor Ramón Perez Costales, personagem importante da cidade. Esse ex-ministro liberal, filantropo e apreciador de arte, que sem dúvida conheceu recentemente o tio Salvador, afeiçoa-se pela família Ruiz Picasso.

Mesmo assim, o novo professor de desenho da Escola de Belas-Artes de La Coruña considera sua nova situação um fracasso. Suas finanças continuam medíocres e sua pintura não é mais apreciada do que em Málaga, a tal ponto que prefere, após tentativas infrutíferas, não mais expor. Em breve será apenas um velho triste, transferindo ao filho as esperanças frustradas de sua juventude. Já que este manifesta um dom excepcional de observação e um traço habilidoso, já que gosta cada vez mais de desenhar e prefere a pintura aos estudos, por que não teria pela frente uma brilhante carreira artística? Além disso, Pablo, com uma destreza que enche de orgulho o pai, também se põe a desenhar pombos. Sim, ele será pintor. Aliás, já é, pois o doutor Perez Costales o estimula comprando-lhe as primeiras obras, pintadas sem muito cuidado em tampas de caixas de charutos.

Pablo se adapta bem à nova vida, demonstrando uma ascendência indiscutível sobre seus novos colegas, que ele inicia na arte da tourada ensinando-lhes, com o casaco na mão, os passes diversos da *muleta*. Também brinca muito na rua e gosta do oceano, onde enfrenta com gosto as ondas, embora não tenha nenhum dom para a natação. Acompanha sem grande interesse o ensino ministrado pelos padres do Instituto da Guarda, mas sobretudo desenha, desenha, não para de desenhar, como assim provam alguns livros de classe conservados e cujas margens testemunham uma incessante pulsão gráfica. Antes mesmo de festejar seus onze anos, no segundo ano escolar em La Coruña, está inscrito na Escola de Belas-Artes, instalada no mesmo prédio da escola da qual é um aluno medíocre. Ali frequentará várias classes, começando pela de desenho de ornamento lecionada pelo pai, seguindo etapa por etapa um ensino clássico do desenho e revelando-se então um aluno dotado e assíduo. Seu olhar ganha precisão (e que olhos grandes e vivos tem essa criança!) e sua mão fica mais flexível. Em três anos, quando entra na adolescência e não cessa de reforçar a segurança que lhe é natural, ele se afirma como um excelente desenhista, digno de um filho de don José. Tem talento como o pai, mas tem também, contrariamente a este, paixão – uma paixão que o faz a todo instante olhar, desenhar, transcrever no papel as imagens que se impõem a ele. Nada lhe escapa, e ele se exercita em retratos do pai, da mãe, das irmãs, em cenas de interior, em vistas de La Coruña tomadas da torre de Hércules, o farol em cuja base gosta de se instalar para desenhar. Porém, mais do que desenhista, já é pintor, com direito a tela e óleo, e seu domínio é espantoso. Aos catorze anos, faz retratos que deixam o pai estupefato: o imponente doutor Perez Costales, que aceitou posar para ele, tem seu busto pintado com brio, e Modesto Castillo, o filho natural desse amigo da família, aparece como mouro, ornado de uma toalha de mesa à maneira de um albornoz.

José Ruiz y Blasco vê com afeição e contentamento seu filho crescer e avançar no caminho da arte. Tanto mais que ele próprio, se ainda pinta, parece fazê-lo mais por hábito que por convicção, como amador um tanto desiludido. É um professor bastante experiente e um bom conhecedor do desenho e da pintura para julgar o talento pouco comum do filho. Longe de ter ciúmes, encoraja-o, instiga-o, aconselha-o, põe sua honra e sua ambição em ajudá-lo da melhor maneira a se formar. Pablo, na verdade, não pede tanto; ele sabe que suas qualidades só pertencem a ele mesmo e que é o único a poder traçar seu caminho, tendo, para isso, que trabalhar incessantemente, desenhar, desenhar mais uma vez, pintar e assim conquistar sua força e sua originalidade de artista. Também se sente feliz de agradar o pai, de ver que esse homem triste se anima quando o admira ou o aconselha. Quanto a Maria, ela nunca duvidou de ter um filho brilhante e tem certeza de que um destino excepcional o aguarda.

Nas férias de verão, de volta a Málaga, é o reencontro com o sol andaluz, com a família e os amigos. Tendo conquistado uma nova independência, Pablo, ao crescer, vive de uma outra maneira sua cidade natal. A rua lhe pertence cada vez mais, e sempre mais longe. Aventura-se até o bairro cigano, que o fascina, onde se abre para ele um mundo mais bruto que aquele policiado, restrito, inquieto, do meio familiar burguês ao qual pertence e no seio do qual os próprios artistas permanecem submissos às convenções dominantes. Existe ali uma naturalidade, um jeito de viver, um desembaraço dos corpos, uma vivacidade da linguagem que o agradam, que ele deseja partilhar – e o impulso lírico, dramático, do *cante jondo*, que o toca mais de perto, mais profundamente. Ele reencontra as primas, que são amigas, e o tio Salvador, que continua dando a José e a Maria um apoio mais do que fraterno, quase paterno, e que observa com atenção a evolução do sobrinho. Pablo mostra-lhe seus desenhos e suas pinturas, como faz em La Coruña com o doutor Perez Costales, e obtém dele cumprimentos, talvez mesmo algumas pesetas. É sobretudo para ele – e para o resto da família, é claro – que redige, durante o ano, como que capítulos de uma crônica de sua vida na Galícia, alguns números de um jornal manuscrito e ilustrado. Faz isso com uma aplicação de escolar calígrafo; também com humor, alinhando gracejos mais ou menos leves. O nome da publicação muda conforme o humor, primeiro ornado com as cores da Galícia e o título *Azul y blanco*, depois mais claramente nomeado em função do lugar, *La Coruña*, por fim colocado sob o emblema arquitetônico da cidade, a *Torre de Hércules*. Apenas seis números aparecem, do final de 1893 ao final de 1895, embora o primeiro tenha anunciado uma publicação hebdomadária, dominical. O conteúdo não indica nenhum gênio adolescente excepcional, e esses documentos hoje só têm valor por serem de autoria do jovem Pablo, o futuro Picasso.

Um acontecimento que transtorna a vida da família Ruiz em seu exílio atlântico não é mencionado pelo jornalista episódico, mas este, logo após esse drama, ficará quase um ano sem enviar notícias a seus destinatários malaguenhos: Conchita, a segunda de suas irmãs, morre de difteria em 10 de janeiro de 1895 por não ter recebido a tempo da França, quando uma epidemia grassava na Espanha, a vacina que poderia tê-la salvo. Como todos os pais amorosos, José e Maria sofrem profundamente, amparando-se bem ou mal numa religião que só praticam de maneira moderada, ao contrário do tio Salvador. Maria é corajosa, forte, fatalista também, sobretudo consciente de que deve se ocupar, apesar do luto, dos dois outros filhos. Lola está com dez anos, Pablo com treze. Este, diante da morte subitamente presente no lar unido, abandona a despreocupação, mergulha em tenebrosas reflexões, vê atingido no mais profundo de si mesmo o gosto de viver que até então exibia sem vergonha. Não chegou a prometer-se nunca mais pintar se a irmãzinha fosse salva? Quanto a José, em sua melancolia de artista frustrado e de professor, está mais irremediavelmente abatido do que a mulher e, como La Coruña lhe foi nefasta, não alimenta outro desejo senão partir dali o mais breve possível. O que consegue fazer graças a um de seus confrades de Barcelona, que foi seu assistente em Málaga e, sendo galiciano, está feliz de poder dispor de um cargo na Escola de Belas-Artes de La Coruña. A troca ocorre em boas condições, pois José, sempre com o dinheiro curto, será mais bem remunerado.

Assim Pablo torna-se catalão. Mas é enquanto pintor, verdadeiramente pintor, que ele abandona La Coruña, após ter executado lá, no doloroso ano de 1895, os primeiros quadros que fizeram dele, mais do que um jovem dotado, mais do que um desenhista de talento, um artista já espantosamente maduro. Mais do que exercícios de juventude, são as primeiras peças de sua obra. Com uma firmeza de retratista, ele acaba de entrar na história da pintura, pintando o pai com o rosto emaciado, o olhar dolorido, seu cachorro Clipper e sobretudo uma *Mendiga de pés descalços* e um *Mendigo com boné*, que ele soube tratar de frente, com grande humanidade, quando antes havia mostrado toda a sua capacidade apenas no retrato de perfil ou de três quartos. Ele atingira um novo patamar e tem consciência disso, tanto que julgou oportuno expor o *Mendigo* na vitrine de um comerciante de roupas vizinho do domicílio familiar e dois outros quadros numa loja de móveis do bairro. Ele próprio vai exagerar, mais tarde, a importância do acontecimento, dando a entender que se tratava de uma verdadeira exposição, mas para nós é suficiente saber que ele fazia, assim, com menos de catorze anos, seu primeiro ato público de artista, afirmando-se depois do pai e tomando com autoridade o bastão daquele que foi tão intensamente o seu iniciador. Quanto à história segundo a qual José, pasmo diante do talento do filho, lhe teria entregue solenemente a paleta e os pincéis, abstendo-se a seguir de pintar, é também uma das lendas pelas quais Picasso embelezou sua biografia, dourando o relato de sua juventude. Em contrapartida, mudo sobre sua primeira história de amor, ele nada diz de Angeles Mendez Gil, sua colega do Instituto da Guarda, que pais inquietos preferiram afastar de um jovem muito apaixonado.

Pablo Ruiz deixa La Coruña com os pais e a irmã antes do final do ano escolar, o que lhe impede de prestar o exame de pintura para o ingresso numa classe superior da Escola de Belas-Artes de Barcelona. Consegue apenas um certificado de desenho de retrato, fácil de obter, pois dependia da classe de seu pai. Ele precisa mais para se excitar, pois sabe o que vale. Sabe igualmente que não é de um mestre qualquer que deve esperar receitas e que doravante responderá por sua arte apenas diante de si mesmo. Assim, mais do que um diploma, a visita que faz ao Museu do Prado em Madri, ao atravessar a Espanha com os pais para ir de La Coruña a Málaga, onde passará longas férias à espera do reinício escolar, é das mais importantes. Esse primeiro contato direto com as grandes obras dos mestres do passado é rápido, mas é brutal o choque que lhe revela a grandeza de Velázquez, isto é, a força de uma pintura bem mais ambiciosa que a que ele pôde ver em Málaga ou em La Coruña. Ali vê provada sem ambiguidade a pertinência da intuição que tinha sem poder explicitamente formulá-la: a pintura não é só um amável divertimento que permite aferir o talento de uns ou de outros, ela é um meio de fustigar o real; não lhe basta produzir imagens agradáveis quando se pode exigir dela que seja portadora de visões. E, às pressas, aproveitando essa passagem efêmera pelo melhor lugar da Espanha onde se pode então ver pintura, Pablo, acompanhado do pai, que já vê nele o herdeiro que o supera, copia em dois desenhos a cabeça de um anão e a de um bufão – duas obras que poderá mostrar, junto com as que trouxe consigo, àquele cuja aprovação lhe importa ainda obter, o tio Salvador.

Em Málaga, os pais o apresentam como um jovem prodígio ao resto da família, e é assim que a família, encabeçada pelo tio, o acolhe. Isso põe um pouco de bálsamo no coração de José, que regressa de pincel arriado, sem mais glória que a que possuía ao deixar Málaga. Para Pablo, portanto, não se trata mais de perder tempo brincando na rua com os garotos de sua idade. Ele sente muito prazer em trabalhar, em constatar a rapidez de seus progressos, por isso desenha e pinta sem descanso. Seu tio faz o papel de mecenas, dando-lhe um salário diário de cinco pesetas, arranjando-lhe uma peça onde instalar um ateliê e um modelo na pessoa de um de seus clientes, um velho pescador que lhe é grato por cuidados generosos. Encomenda-lhe também um retrato da irmã, a tia Josefa, uma velha beata. Essa confiança tem um preço, e o jovem artista, para não desagradar tanta admiração familiar, deve fazer sua primeira comunhão, vestido, como convinha então, de bispo!

Setembro de 1895. É o momento de deixar Málaga para um novo exílio em família. Depois do noroeste da Espanha e a Galícia, eis agora o nordeste e a Catalunha. Mas Barcelona é uma cidade imensamente mais viva que Málaga e La Coruña. Orgulhosa de ser catalã antes de ser espanhola, coração de uma Catalunha amputada de sua liberdade, de sua cultura, de sua língua, ela cultiva sua originalidade e se pretende capital tanto quanto Madri. Assim ela é, em contrapeso à influência autoritária da cidade real, mais aberta que esta para o resto do mundo, à escuta de tudo que se agita naquele momento na Europa. Desde que a Catalunha fora obrigada a ser espanhola quatro séculos antes, ela não se decidiu pela soberania, mas pelo menos, no final do século XIX, mantém a cabeça tanto mais erguida quanto se sente animada, cultural e economicamente. Nos últimos 25 anos, conhece inclusive um singular renascimento, que ela própria assim nomeia com uma certa afetação: *Renaixença.* Barcelona aproveita para transformar-se, ampliar-se, cobrir-se de monumentos modernos, abrindo-se com isso, ao mesmo tempo em que desperta um passado prestigioso, a uma modernidade cujos ventos sopram já em Paris e em Londres. A Exposição Universal, lá organizada em 1888, foi vista como o manifesto desse movimento cujo emblema, muito embora mais medieval que moderno, é a grande massa plástica da igreja da Sagrada Família, erigida fora de toda convenção estética por Antoni Gaudí.

Pablo só terá catorze anos dentro de pouco mais de um mês, mas já é um artista inteiramente engajado na sua arte, com o apoio da família. Não precisa lutar contra ela, como tantos outros, para impor seu desejo e sua vontade. Tampouco se interroga sobre seu futuro. Assim, em Barcelona, a única escola que frequenta é a de belas-artes, familiarmente chamada em catalão a Llotja (Lonja, em castelhano), isto é, a Bolsa do Comércio, porque está situada no primeiro andar do prédio que esta ocupa. Ele ainda precisa fazer-se aceitar, mostrando alguns trabalhos anteriormente realizados e submetendo-se a um breve exame – que consiste em três desenhos: a cópia de um dos gessos, que são então os modelos e as referências comuns de todo ensino acadêmico, e dois desenhos a partir de modelo vivo, um nu, o outro coberto com pano. Ei-lo admitido na classe superior, onde será de longe o benjamim no meio de jovens que em sua maioria têm cinco ou seis anos mais que ele. Sem sentir-se deslocado por isso, desde o início faz-se aceitar pelos colegas, seduzindo-os tanto pelo talento quanto pela personalidade. É que ele é espantosamente maduro para sua idade, e não apenas no que diz respeito ao desenho e à pintura. Embora de estatura baixa (nisso puxou à mãe), é um rapaz robusto, bem-desenvolvido, musculoso, e a quem os grandes olhos negros e uma mecha também negra que lhe varre a testa como asa de corvo dão um aspecto altivo e um charme que se impõem. Muito se falou de seus grandes olhos, dos quais Brassaï dirá mais tarde que são menos extraordinários por seu tamanho do que pela maneira como a íris e a pupila se confundem e pelo fato de as pálpebras se abrirem sobre eles mais amplamente que o normal. Ele não tem necessidade de cortejar os mais velhos, de buscar ganhar-lhes a estima, muito menos de imitá-los para fazer esquecer que acaba de sair da infância. É imediatamente reconhecido por eles como um dos seus, e Manuel Pallarés i Grau, que aos dezenove anos está longe de ser um adolescente atrasado, afeiçoa-se a ele como a seu igual. Pablo pinta o retrato desse filho de fazendeiro elegante, refinado, catalão da cepa, que tem uma vida folgada de estudante e o faz conhecer Barcelona sob seus múltiplos aspectos. Leva-o aos motivos que eles podem pintar tranquilamente para se exercitar fora do ensino da Llotja. Leva-o aos cafés das Ramblas, avenidas onde é costume andar num sentido e no outro, onde falam longamente, com outros jovens apaixonados, do que preocupa essa geração crítica e cheia de esperança: os novos caminhos que, depois do impressionismo então triunfante na Europa, abrem-se para a arte, sob a influência do novo realismo, do qual Toulouse-Lautrec é em Paris o herói alegre, do simbolismo, que é em toda parte, tanto na arte como na literatura, a nova vanguarda, e do expressionismo dramático, que não está inteiramente separado e cujo doloroso archote é carregado por Edvard Munch. Pablo, na verdade, quase não abre a boca, mas escuta, observa. É dotado de uma excelente memória, sobretudo visual, e nada do que cruza seu olhar se perde. Aos poucos forma uma provisão de ideias, lê alguns livros, adquire noções de catalão. Pertence agora a um mundo diferente do da família e da arte convencional praticada e ensinada pelo pai e os professores de La Coruña. É o estudante de uma formidável universidade livre, onde tudo converge para ajudá-lo a afirmar sua personalidade. A formação que ali recebe é tanto mais completa quanto Pallarés o introduz em lugares mais secretos onde normalmente sua idade não lhe permitiria entrar: os bordéis do Barrio Chino, onde o jovem revela-se pouco intimidado. Eles vão também ao Éden Concert, um cabaré onde aparecem no palco belas artistas, e ao Tivoli-Circo Ecuestre, onde admiram uma sedutora amazona, Rosita del Oro, que vão conhecer por intermédio de outros animados estudantes e de quem Pablo será durante vários anos um dos amantes.

Mas isso não lhe tira a cabeça do lugar. Nada existe aí da libertinagem em que se extraviam outros jovens, e se seus pais, incapazes de impor-lhe uma disciplina que ele não aceitaria, têm razão de ficar inquietos ao vê-lo escapar de seu controle, eles podem ao menos se tranquilizar e constatar que, longe de se perder nas noites de Barcelona, ele é um estudante de arte consciencioso, que continua trabalhando com afinco. Seu espírito se abre e seus sentidos desabrocham ao mesmo tempo em que seu caráter se fortalece, e ele aceita de bom grado a ajuda que o pai lhe pode dar. José, sempre preocupado com a carreira desse filho que deve consolá-lo de seu próprio fracasso, decide que Pablo tem condições de se apresentar na Exposição de Belas-Artes e Indústrias Artísticas, que deve se realizar na primavera de 1896, contanto se dedique a um tema digno de uma tal manifestação. Com a cumplicidade de um outro professor da Llotja, ele põe seu pupilo na linha de partida: José Garnelo Alda permite que Pablo trabalhe em seu ateliê. Ali, num grande quadro, o rapaz pinta a cena de *A primeira comunhão*. Diante do altar, a comungante, de vestido branco, está ajoelhada num genuflexório, seus pais atrás dela, enquanto um menino de coro, com um ar distraído, desloca um vaso florido. Lola posou para o irmão, mas não os pais, que deram seu lugar a outros modelos cúmplices. A exposição desse quadro gera a encomenda de duas pinturas para um convento local, cópias de Murillo, o grande herói da pintura católica e lacrimosa espanhola. José Ruiz y Blasco pode então esperar que o filho faça carreira na pintura religiosa. Nada indica, porém, que Pablo tenha pintado isso (e outros temas da iconografia cristã) com alguma convicção. Importava-lhe apenas pintar, e, já que a religião parecia abrir uma via tática, ele não tinha razão nenhuma de não ver aí uma oportunidade. Suas ideias em pintura ainda não eram bastante claras para que, desdenhando o horizonte designado pelo pai, se aventurasse de maneira mais pessoal, mais original, longe dessa arte acadêmica. Ao pintar paisagens em Málaga, alguns meses mais tarde, ele saberá demonstrar mais espontaneidade, uma sensibilidade mais moderna.

No outono de 1896, a família muda de casa e Pablo dispõe, fora do domicílio paterno, de um ateliê que divide com Pallarés, com a missão de pintar um outro grande quadro de gênero, tendo em vista a próxima Exposição de Belas-Artes de Madri. A tela, à qual se dedica durante vários meses, é imensa para as dimensões da peça que lhe serve de ateliê, e a composição parece ter sido concebida pelo pai, que lhe deu o título pomposo de *Ciência e caridade*, bem convencional. Uma mendiga, que posa para o personagem da enferma, estende-se numa cama estreita. José faz o médico (a Ciência) que lhe toma o pulso. Um rapaz vestido com um hábito de religioso, emprestado por uma amiga da família, encarna a Caridade. Na pintura não há muita emoção, tampouco riqueza alegórica, trata-se apenas de um enfadonho quadro de salão, cujo único interesse é ter sido realizado por um rapaz de quinze anos que soube resistir ao pai, pintando uma tela com vistosas pinceladas de cor. O espelho na parede, em lugar do crucifixo que deveria velar sobre a sonolenta heroína da cena, não constitui claramente uma marca de insolência?

Ciência e caridade é aceito pelo júri de Madri, do qual faz parte Antonio Muñoz Degrain (chamado correntemente de *Degrain*), um velho amigo de José Ruiz. O quadro obtém uma menção antes mesmo de ser apresentado na Exposição Provincial de Málaga, onde uma medalha de ouro o distingue, o que incita o pintor Martinez de la Vega a batizar Pablo com champanhe, para assinalar publicamente a esse jovem artista sua admissão na comunidade dos pintores. O quadro, que não encontrou comprador, é oferecido como presente de casamento ao tio Salvador, que, viúvo, torna a casar com uma herdeira mais abastada que graciosa. Esse gesto não deixa de ter uma segunda intenção: José conta com o irmão para ajudá-lo a financiar a instalação de Pablo em Madri, onde espera fazê-lo entrar na Academia San Fernando. Mas Salvador, que o casamento parece ter tornado mais prudente, ou menos generoso, não se mostra muito disposto a participar de um fundo para o qual contribuem outros membros da família, e o orçamento necessário aos estudos madrilenhos só é obtido com dificuldade. É possível também, por outro lado, que esse homem muito religioso pressentisse a mudança de rumo na evolução do sobrinho, mesmo que este, durante o verão, parecesse cortejar sua prima Carmen.

O fato é que Pablo, em outubro de 1897, depois de resolver alguns assuntos em Barcelona, parte para festejar em Madri seus dezesseis anos, sozinho, entregue a si mesmo, longe do olhar paterno tão pesado. Degrain, verdadeiro espião a soldo de José, informa-lhe regularmente sobre o comportamento do filho e acaba por revelar que o jovem não é o estudante aplicado que eles esperavam. De fato, Pablo, nem um pouco seduzido por Madri, não encontra o ambiente dinâmico e caloroso no qual pôde ser despertado em Barcelona. A Academia San Fernando se arrasta num academismo que nada percebe do que se passa noutros lugares do mundo da arte, e Degrain é um professor tão enfadonho quanto José Ruiz. Pablo segue os cursos sem prazer e acaba por comparecer cada vez menos, logo compreendendo que não obterá nenhum proveito ali, a não ser de uma bela coleção de quadros e desenhos de Goya, que o impressionam e que ele examina em detalhe e copia, como o faz também no Prado, numa espécie de transe criador. No Escorial, igualmente, pode admirar obras de grandes mestres, avançando na história da pintura espanhola. Uma viagem a Toledo, numa excursão estudantil conduzida por um dos professores da academia, coloca-o diante de El Greco e do *Enterro do conde de Orgaz*, que ele copia como seus colegas, mas dando ironicamente aos personagens reunidos diante dos restos mortais do conde o rosto de professores da San Fernando, pelos quais não tem a menor estima.

Pablo lamenta não ter sido enviado a um centro artístico mais dinâmico, a Munique, por exemplo, onde a arte moderna, com o *Art Nouveau* e o *Jugendstill*, parece se abrir a um futuro menos convencional. Sobretudo, está mais do que nunca convencido de nada dever esperar senão de si mesmo, de precisar traçar sozinho seu caminho, portanto trabalhar, aperfeiçoar sua visão, aprofundar sua experiência. É o que ele faz no círculo das belas-artes, onde o modelo vivo tem mais importância que os gessos poeirentos e onde posam jovens nuas. É o que faz também nas ruas, ou diante das paisagens de campo. Infelizmente, o auxílio familiar o obriga a controlar as despesas, sobretudo depois que o tio Salvador, alertado por Degrain, decidiu não mais contribuir. Mal alojado, pobre, conhecendo mesmo a fome e o frio, Pablo, que no entanto só pede para viver e trabalhar intensamente, vive um momento amargo. Tanto mais que lhe faltam certezas em matéria de arte. Não que duvide de seu talento, desse talento que lhe bastava até então demonstrar; mas nenhum caminho está traçado com clareza diante dele. Sabe simplesmente que não quer seguir aquele, antiquado e agora estéril, no qual o pai e outros pequenos promotores de uma arte convencional tentaram lançá-lo. Ele tateia sem saber onde vai, sem se afirmar num estilo, qualquer que seja. Fora de questão, em tais condições, pintar um quadro que poderia concorrer nas grandes exposições. Fora de questão, pois o pai não está ali para pressioná-lo, dar uma continuidade a *A primeira comunhão* e a *Ciência e caridade*. Essa temporada em Madri seria um fracasso? Sim, aos olhos do pai e do tio Salvador, seus agentes e patrocinadores. Sim, também, aos olhos de Degrain, que esperava fazer dele um discípulo. Não, em realidade, do ponto de vista da evolução desse pintor tão jovem, que acaba de aprender muito cedo que a arte não é uma questão de aprendizagem controlada, mas uma aventura totalmente solitária. O que implica ter de aceitar a ideia de que nada jamais está definitivamente dado e que é preciso menos escutar os conselhos dos outros do que confiar na própria intuição.

A boêmia de um lado e de outro dos Pirineus

Ao aproximar-se o verão, Pablo deixa Madri após uma escarlatina, doença então mais perigosa do que hoje, e em junho de 1898 está de volta à sua amada Catalunha. Deixou Madri sem pesar e sem nenhuma vontade de voltar. Ele se afasta das escolas de belas-artes e dos professores que nada têm a lhe ensinar, a não ser a imposição e a repetição enfadonha das velhas receitas. A efervescência de Barcelona, na falta da de Munique ou de Paris, lhe será mais proveitosa. Seus pais nada encontram para responder ao que, menos que um desejo, é uma vontade: Maria nunca contradiz o filho no qual deposita uma total confiança, e José só pode se curvar diante da firmeza desse jovem, seu filho e seu aluno. Ele sabe que Pablo não aceita nenhuma lei que não seja sua e que doravante é inútil tentar opor-se a ele. Com esse filho que lhe escapou das mãos, só pode tentar uma aposta no futuro e esperar que seu imenso talento lhe dê um destino grandioso. Que o filho não se contente como ele próprio em pintar pombos, não é um mau sinal; ele tem apenas dezesseis anos e ainda há tempo para a razão recuperá-lo. A prova que foi passar um ano sozinho em Madri parece ter-lhe ensinado muito, dando-lhe uma maturidade nova; se o plano de estudar na San Fernando foi um fracasso, pelo menos ele aprendeu que o caminho da arte não é uma linha reta, mas um percurso labiríntico cheio de emboscadas. No fundo, José fez o que pôde para colocar o filho na boa direção, com as melhores armas possíveis. Aos sessenta anos de idade, a história lhe escapa, só pode lhe escapar...

Para restabelecer a saúde, Pablo, em vez de ficar em Barcelona, parte para Horta de San Juan (ou Horta del Ebro), a aldeia montanhosa para onde o amigo Manuel Pallarés preferiu retirar-se com a família a fim de evitar todo risco de alistamento militar. Estamos em 1898 e a Espanha acaba de entrar em guerra com os Estados Unidos, que apoiam a luta de independência da ilha de Cuba. Horta é o fim do mundo, uma aldeia dos altiplanos que só se atinge, ao sair do trem, após uma difícil marcha de quarenta quilômetros. E ali estão os dois, heróis vindos da cidade e entregues a essa estranha ocupação que é a pintura, acolhidos calorosamente, pois não se mostram orgulhosos e vivem como aqueles camponeses para quem o mundo se reduz a algumas montanhas e cuja energia se concentra inteiramente, sem discursos, nos trabalhos rurais, além de exaltarem-se em numerosas festas mais ou menos religiosas. Em Horta, Pablo descobre a vida do campo, inicia-se na lavoura, nos animais, na vida secreta das oliveiras. Aprecia a dura beleza da paisagem e a simplicidade franca das relações entre os homens nessa comunidade rústica onde a solidariedade não é uma palavra vã. Esse rapaz da cidade, que não tem nenhum gosto pela sofisticação dos costumes urbanos, sente-se ali perfeitamente à vontade e se faz aceitar pelos camponeses, com os quais gosta de falar em catalão, essa língua que não é a sua, que aprendeu depressa em dois anos passados em Barcelona, mas pouco praticada em Madri.

Nem por isso, claro, a arte é esquecida. Manuel e Pablo partem em expedição, carregados de provisões e material de pintura. Um irmão mais jovem do catalão os acompanha para ajudá-los a carregar o equipamento; a seguir lhes servirá de agente de ligação com a aldeia. Eles sobem ao topo do Maestrat por encostas difíceis e por pouco Pablo não cai no fundo de um desfiladeiro. Manuel, esperto como uma cabra-selvagem, está ali para evitar o drama. Os lavradores empoleirados no alto do Mas del Quintet, cuja sólida massa é um de seus motivos, fornecem-lhes alimentos, e os dois Robinson Crusoé dos Pirineus, que levaram até esse monte tela e chassis, tentam colocar sua aventura em pintura com todo o garbo que ela merece. Manuel pinta os *Lenhadores* e Pablo, um *Idílio*, quadros que deveriam lhes permitir, de volta a Barcelona, mostrar do que são capazes. Mas a natureza não lhes dá sua concordância, e uma tempestade, que inunda a gruta que lhes serve de refúgio, aniquila com um sopro seus esforços, destrói os quadros e os obriga a retornar à aldeia. Isso não encerra, porém, a temporada, e os dois amigos continuam em Horta, ainda pintando, mas trabalhando também com os camponeses para merecer o pão, até o mês de fevereiro de 1899. De todo modo, Pablo quer voltar para casa provando que não perdeu seu tempo, e é uma grande tela conhecida pelo título de *Lenhadores aragoneses* (desde então desaparecida) que ele leva e submete ao olhar crítico do pai. Da visão inesperada de uma autópsia realizada por um médico, assistido pelo guarda campestre encarregado de serrar o crânio de uma menina morta por um raio, ele não julgou conveniente fazer um quadro: sua curiosidade, vencida pela náusea, não resistiu até o final da operação!

Ele não retorna à Llotja, à qual prefere o círculo artístico, um ateliê livre onde não está submetido à férula de alguns professores, tampouco voltado para a obtenção de um diploma. Don José se resigna, ainda mais que teve a ocasião de mostrar, durante uma viagem a Madri, desenhos do filho a Degrain, que os aprecia. Em troca, Pablo retorna a seus bordéis preferidos e também, ao que parece, à amazona Rosita del Oro. Tendo Pallarés ficado em Horta, o pintor Santiago Cardona coloca à sua disposição uma pequena peça na qual ele pinta quadros bastante distanciados do academismo paterno e que se inserem com segurança na corrente do modernismo que, nos dois últimos anos, ganhou em Barcelona um novo vigor. Faz menos de dez anos que os pintores Santiago Rusiñol, Ramón Casas e Miquel Utrillo descobriram Montmartre, onde Utrillo deu seu nome ao filho de pai desconhecido de sua amante, Suzanne Valadon. Eles trouxeram a Barcelona um pouco do espírito boêmio e contestador vigente em Paris, então sob a influência de Toulouse-Lautrec, de Steinlen, da nova arte do cartaz e do movimento de ilustração social. Foi uma rajada de vento fresco na nostalgia românica da geração precedente, a qual, embora orgulhosa de ser catalã, compreendera que a arte moderna pouco devia se preocupar com restrições geográficas, sendo preciso colher seu espírito tal como soprava e onde quer que soprasse. Mais dinâmicos do que grandes artistas e pouco coerentes em sua busca de um estilo novo, eles haviam sacudido, por sua insolência, o meio artístico de Barcelona. De sua mansão de Crau Ferrat, em Sitges, que transformou em museu e galeria, Rusiñol fizera um centro de onde se irradiava o espírito moderno, e foi nesse encantador pequeno porto vizinho de Barcelona que organizou, durante vários anos, um festival pluridisciplinar, a Festa Modernista, em que teatro e música juntavam-se às artes plásticas. Para ele, a razão não era o princípio ativo da arte, que, na busca de verdade, não devia temer o desconhecido, o anormal, o extraordinário, nem mesmo o escandaloso. E pouco importa que ele e seus amigos tenham sido tratados como decadentes ou loucos. Pablo, atento, curioso, ávido de impressões novas, nada ignora do trabalho desses antecessores, que ele registra, absorve, analisa, imita em desenhos e quadros que, em nítida ruptura com o tradicional bem-acabado, cultivam o traço forte que delimita as formas. O desenho a carvão lhe permite encontrar imediatamente essa expressão, essa evidência dos sinais que caracterizam a arte da ilustração praticada com talento por Toulouse-Lautrec e Steinlen.

Em Barcelona, um cabaré foi inaugurado em 12 de junho de 1897, a partir do modelo do *Chat noir* parisiense e por iniciativa de Miquel Utrillo. Ali se reúnem os jovens decididos a ajudar o futuro século XX a romper com o que o precede. É *Els Quatre Gats* (onde dizemos que não haverá um gato pingado, os catalães dizem que haverá quatro), instalado na Casa Marti, uma construção neogótica do bairro velho. Pere Romeu, que também esteve em Montmartre, é o patrão, o animador desse estranho estabelecimento, que funciona como sala de exposição, teatro de marionetes e sombras chinesas, lugar de reunião da Sociedade Wagner e onde se encontram, com copos de cerveja na mão, artistas e escritores da vanguarda. Rusiñol, Casas e Utrillo sentem-se em casa, e ali Pablo abre os olhos e o espírito a uma arte mais viva que aquela ensinada nas escolas.

Novos amigos o acompanham nessa aventura de seus dezessete anos: os irmãos Angel e Mateu Fernandez de Soto, o primeiro um pândego generoso, o outro mais austero; Jaume Sabartés (ou Jaime em castelhano), que, não obstante uma prevenção muito catalã contra os andaluzes, é subjugado por Pablo desde o primeiro encontro; Carles (ou Carlos) Casagemas, que, aos dezoito anos, apaixonado por anarquismo, álcool e morfina, é um bom caricaturista e chafurda numa tardia poesia simbolista *fin-de-siècle.* Casagemas e Ruiz Picasso são então inseparáveis, e este último, embora pouco dado ao excesso de estimulantes ou analgésicos perturbadores do espírito, participa do humor mórbido do amigo e desenha crianças doentes (sem dúvida em lembrança de sua irmã Conchita e num eco de *Ciência e caridade*) ou pinta moribundos junto aos quais alguém vela ou toca violino. Uma melancolia um pouco tenebrosa faz parte, então, dos ares do tempo. Uma das obras nascidas dessa veia, *Os últimos momentos*, é exposta em Málaga, em junho de 1899, numa exposição do Liceo, clube artístico mais liberal que a Llotja, onde é acompanhada de *Lenhadores aragoneses*, quadro que já obtivera, como antes dele *Ciência e caridade*, uma menção honrosa na Exposição Geral de Belas-Artes de Madri. De volta à cidade natal, para onde leva o amigo Casagemas, Pablo aproveita para romper o namoro com a prima Carmen. Para ele não é o momento de assumir um encargo familiar, e a vida dos cabarés e dos bordéis é mais propícia que um lar conjugal para quem, pensando no exemplo de Toulouse-Lautrec, está decidido a ser um pintor moderno.

Como o anão genial de Montmartre, ele sabe que um cartaz pode se equiparar a um grande quadro de Salão, e, como a revista *Pel y Plomà* lança um concurso sobre o tema do carnaval para celebrar a passagem do século, ele resolve participar. Não consegue a vitória, mas demonstra que tem o sentido da imagem clara e portadora de uma mensagem direta, ao contrário das sutilezas do claro-escuro que caracterizam a bela pintura tradicional. E mais: ele convence os amigos de Els Quatre Gats a lhe oferecerem uma exposição pessoal, que lhe permite, em fevereiro de 1900, pressagiar o novo século. Ali mostra uma série de mais de uma centena de retratos, a carvão realçado ou não de cor, de algumas figuras da boêmia local; é o bastante para que Utrillo passe a chamar de "pequeno Goya" esse rapaz que ele vê desenhar a todo instante, sentado no cabaré, ou diretamente na rua. Dos rostos e das atitudes desses jovens senhores, que ostentam uma elegância descuidada, emana uma atmosfera de melancolia. Pode-se pensar que é um testemunho exato do espírito da época, mas ela traduz também o humor de um artista ainda em busca de si mesmo e que participa da vida inconstante de seus modelos, embora sem fundir-se com eles no ambiente deletério dessa boêmia mais desiludida do que projetada com otimismo no novo século.

Não obstante suas amizades e sua necessidade de ser amistosamente, apaixonadamente admirado e apoiado, aquele que ainda assina *P. Ruiz Picasso* é um solitário. Ele sabe poder confiar apenas em sua intuição, em seu desejo, em sua vontade. Está seguro de seu talento. Conhece sua força. Contudo não sabe aonde vai, para onde a pintura o leva, e isso ele tem consciência de que só saberá ao cabo de um trabalho obstinado. A crítica é reservada, desarmada por um traço que ela considera excessivamente livre, mas algumas vendas "põem um bálsamo no porta-moedas desguarnecido" do artista, que tem motivos de se alegrar, no momento em que recolhe seus desenhos, ao ficar sabendo que *Os últimos momentos* fará parte da seleção espanhola na Exposição Universal que se realizará brevemente em Paris, a Centennale. Aos dezenove anos, é reconhecido como figura representativa da vanguarda barcelonesa, ao lado de outros jovens artistas (porém mais velhos que ele e mais conhecidos), assíduos de Els Quatre Gats: Ricard Canals, Joaquim Mir, Isidre Nonell,

Ramon Pichot, Ramon Reventos e também Manuel Pallarés, que acaba de voltar de Horta.

Depois de transportar cavalete e pincéis de um lado a outro de Barcelona em função da acolhida que recebeu aqui ou ali, ele divide agora um ateliê com Casagemas. Lá, pinta nas paredes os móveis e as riquezas que eles não têm. Certamente um pouco mais tranquilizado por seu relativo sucesso, afasta-se da arte tenebrosa na qual se destacou: aproveitando o começo da primavera e a abertura da temporada das touradas, entrega-se à cor, à luz brilhante, com um novo entusiasmo.

Sempre inclinado a pensar que a Espanha não é o melhor lugar onde praticar a arte moderna e lúcido quanto aos limites do meio artístico de Barcelona, ele acalenta a ideia de uma viagem a Paris, que faria com Casagemas. Tem necessidade de ver como vive a arte no país onde pintaram Cézanne, Puvis de Chavannes, Van Gogh, Gauguin, Toulouse-Lautrec. Não pode se contentar com os relatos, as anedotas, as gabolices de seus confrades que lá viveram e pintaram por algum tempo. Ouviu dizer que em Paris não faltam apreciadores da pintura de inspiração espanhola, com cabeleiras morenas, mantilhas e toureiros à Bizet (o que é chamado então de *espagnolades*), que poderiam lhe dar os rendimentos necessários à estadia. Ele chega a mostrar algumas obras desse novo estilo no Els Quatre Gats, no mês de julho, mas consegue pouco dinheiro, e o esforço por colocar ilustrações em jornais ou para se impor como criador de cartazes não obtém muito mais sucesso. Os pais Ruiz e os pais Casagemas, não sem se fazerem rogar, acabam por fim cedendo, e os dois amigos, ambos vestidos de um traje novo de veludo preto, partem de trem rumo a Paris, onde Pallarés logo irá juntar-se a eles, assim que tiver terminado as pinturas que lhe encomendaram para a igreja de Horta. Pablo, antes de deixar Barcelona, fez um autorretrato no qual, com muita segurança, pôs a legenda: "Yo el rey" ("Eu, o rei").

Em outubro de 1900, os dois amigos estão em Montmartre, na rua Gabrielle, no ateliê que Nonell deixou vago ao voltar a Barcelona, lá deixando seu mobiliário, inclusive um bidê, utensílio muito parisiense que os surpreende, mas cuja utilidade logo compreenderão. Eles vão à Exposição Universal e não é com pouco orgulho que Pablo vê seu quadro *Últimos momentos* entre as obras que representam a arte espanhola; mas essa grande manifestação do novo século é para ele sobretudo a oportunidade de visitar a deslumbrante exposição de arte francesa então organizada e que mostra uma bela seleção de obras dos maiores artistas do século XIX: David, Delacroix, Ingres, Courbet, os impressionistas... Claro que também não deixa de ir aos museus do Louvre e do Luxembourg, a fim de ver quadros antigos e contemporâneos que até então só pôde conhecer por reproduções aproximadas.

Pablo e Carles logo se lançam ao trabalho, dispostos a conquistar Paris e a pintar quadros que serão destaques num próximo Salão. O que não os impede, quando acaba a luz do dia, de percorrer os cabarés. Conduzidos por Miquel Utrillo e Ramon Pichot, conhecem todo um grupo de catalães que aparentemente levam uma vida tão feliz que Pablo e Carles convidam os amigos, na Espanha, a juntarem-se a eles nessa cidade, onde, parece, um artista sério pode ganhar corretamente a vida. Eles vão beber e discutir na taverna Ponset ou no Petit-Pousset e visitar as garotas num bordel da Rue de Londres, mas o Moulin-Rouge e o Moulin de la Galette perderam sua alma e só se preocupam, como a maior parte das casas noturnas do Boulevard de Clichy, em ganhar dinheiro. Pena que não haja aqui um Els Quatre Gats! O entusiasmo artístico deles é estimulado pela presença, na vizinhança, de três modelos pouco esquivas que posaram (e talvez mais) para Nonell e lhes oferecem seus serviços: Germaine, Antoinette e Odette. Esta não resiste ao charme de Pablo, enquanto Carles se apaixona loucamente por Germaine, que, pouco dotada para a fidelidade, aceita outros amantes porque ele não lhe é completamente satisfatório! Quanto a Antoinette, ela deve esperar a chegada de Pallarés, alguns dias mais tarde, para ter um companheiro, e assim se instaura, no ateliê da rua Gabrielle, uma vida comunitária das mais animadas, porém muito organizada, sob a autoridade de Manuel (Carles sendo o responsável pelas finanças), a fim de que nenhum dos três companheiros esqueça que está ali, antes de mais nada, para trabalhar. Pablo, que é quem menos se deixa virar a cabeça, não perde de vista um instante sequer que seu futuro de pintor está em jogo e que a boêmia é geralmente mãe da preguiça, quando não o afundamento no álcool, na miséria, na devassidão. Ele tem a sorte de ser logo de início encorajado por uma espécie de agente especializado na jovem pintura espanhola: Pere Manyac (ou Mañach), que possui olho bom e boa intuição. Seduzido por suas *espagnolades*, Manyac toma três pastéis em consignação. Não tarda a vendê-los à corajosa *marchande* Berthe Weill*, que acaba de abrir uma galeria perto da place Pigalle. Aproveitando o impulso, oferece a seu protegido um contrato pelo qual lhe pagará cento e cinquenta francos por mês.

Pablo, sossegado, decide enfrentar um tema dos mais difíceis, pois terá de rivalizar com Renoir e Toulouse-Lautrec: o Moulin de la Galette. Enquanto cliente, ele o considera excessivamente caro, mas, como pintor, vê aí a ocasião de uma aposta: mostrar que tem sua própria visão, seu próprio estilo. O que ele consegue, num jogo fortemente contrastado de sombra e luz, ao contrário da claridade impressionista, e com uma longa pincelada que traduz, no óleo, o langor do pastel. Berthe Weill não demora a vender esse quadro, o primeiro Picasso a entrar numa coleção francesa, a do tolosano Arthur Huc, o editor de *La Dépêche de Toulouse*. Agora Pablo, pintor de temas de Montmartre, assina na maioria das vezes *P. R. Picasso* em vez de *Pablo Ruiz Picasso*, deixando

* Berthe Weill (1865-1951): galerista parisiense que desempenhou papel fundamental na divulgação de obras de pintores, gravadores e desenhistas das vanguardas artísticas do início do século XX. Organizou exposições de Raoul Dufy, Modigliani, Braque, Picasso e muitos outros. (N.E.)

assim cair o patrônimo, como para cortar toda ligação artística com don José.

Tudo iria bem se Casagemas não estivesse sempre de humor sombrio, e tanto mais por ser incapaz de pôr em prática sua paixão por Germaine, a qual não poderia contentar-se com belos sentimentos. Ele precisa mudar de ares, e Pablo, que prometeu aos pais passar o Natal com eles, leva-o a Barcelona, depois a Málaga, onde precisa resolver a questão do serviço militar. Ele tem dezenove anos e, se não quiser perder tempo sob a bandeira espanhola, necessita pagar uma quantia de mil e duzentas pesetas, o que não possui, a menos que o tio Salvador venha socorrê-lo. Mas sua atitude é inconveniente, ele cai na farra com Casagemas (o que todos ficam sabendo!), mostra-se pouco inclinado a "se endireitar". Como é que o tio não pensaria que o serviço militar lhe faria bem? Ele deve absolutamente separar-se de Casagemas, cuja presença começa a lhe pesar. Enquanto este último parte para Barcelona, Pablo vai a Madri, a convite de um dos antigos companheiros de Els Quatre Gats, Francisco de Asis Soler, para colaborar com ele na nova revista *Arte Joven*. Soler é catalão, mas de modo nenhum militante separatista da Catalunha, como tampouco da língua catalã. Escreve sem culpa em castelhano e, já que sua família se instalou em Madri, fazendo fortuna com os *royalties* de um cinto abdominal elétrico, é em Madri que ele cria sua revista. O castelhano é também a língua materna de Pablo, e voltar a falá-lo em Madri não lhe desagrada, após passar tanto tempo a falar catalão (muito) e francês (um pouco). Se não conserva de sua precedente e primeira temporada na capital espanhola uma lembrança muito boa, as condições agora são diferentes: ele não vem mais como estudante pobre oriundo de uma escola arcaica, mas como artista que ganha a vida e com o desejo de dar um novo passo em sua carreira.

O problema é que ele não gosta de imposições. Editar com o amigo uma revista ambiciosa que quer ser uma ponte entre Madri e Barcelona obriga-o a dedicar a ela muito tempo e energia e a preocupar-se com outra coisa que não sua vida interior e seu projeto artístico. Assim Pablo compreende depressa que essa situação não pode durar muito tempo e que, se quiser continuar avançando como fez em Paris, terá que se organizar de outro modo. Não, ele não deseja fazer uma carreira como ilustrador, editor, diretor artístico de uma revista: o que ele quer é pintar e pintar sempre mais, abrindo o caminho que deve levá-lo a uma arte verdadeiramente nova e que seria apenas dele. Não se trata de ser moderno a qualquer preço, e sempre mais moderno, mas de ser intensamente ele mesmo, único e formidável. Pelo menos aproveita sua presença em Madri para visitar novamente o Prado e estudar de perto El Greco em Toledo.

Uma notícia, brutal, dramática, que lhe chega da boêmia da qual se distanciou, o transtorna: Carles Casagemas, que ele deixou há pouco mais de um mês no porto de Málaga, acaba de se matar, em 17 de fevereiro de 1901, e de uma maneira particularmente espetacular. De volta a Paris, ele reencontrou Germaine, junto a quem retomou sua corte insistente, querendo casar com ela (quando ela ainda tem legalmente um marido), muito embora incapaz de satisfazer sexualmente essa mulher de temperamento generoso e pouco interessada em casamento. A cena se passou em Montmartre, num restaurante onde ele convidara a bela e alguns amigos, entre os quais Pallarés, para um jantar de despedida: como Germaine não o queria, ele retornaria a Barcelona. Mas a partida do amante despeitado tinha uma outra finalidade: súbito, tirando um revólver do bolso do casaco, ele disparou contra a jovem, que só não morreu graças a um reflexo rápido de Pallarés, e depois voltou a arma contra si.

Pablo é muito afetado pelo suicídio de um amigo de quem foi tão próximo e cuja descida aos infernos acompanhou. Todavia o drama, a princípio, não tem nenhum efeito aparente sobre sua pintura. Os quadros que ele pinta então aproveitam o impulso que ganhou em Paris e o aproximam, com uma orgulhosa confiança, de Goya e Toulouse-Lautrec, o primeiro numa magistral *Mulher em azul*, o segundo numa *Dançarina anã* com pincelada pós-impressionista.

A aventura de *Arte Joven* dura apenas alguns meses. A revista, que pretendia ser o órgão da vanguarda literária e artística, é certamente estimada, mas não resiste aos problemas financeiros. No mês de junho, terá que interromper sua publicação. Antes mesmo de sair o último número, Pablo parte para Barcelona, onde reencontrará os amigos de Els Quatre Gats e uma vida mais calorosa que a de Madri, demasiado compassada, onde mesmo a vanguarda tem dificuldade de deixar seu torpor. Ele deve responder, sobretudo, ao convite de Miquel Utrillo, que quer organizar, na prestigiosa Sala Parés, uma exposição reunindo Picasso e Casas, pondo assim o jovem pintor em igualdade com um mais velho de reputação estabelecida. *Picasso...* Agora é assim que ele assina seus quadros, sem mais prenome, nem mesmo o *R.* da inicial do nome paterno que precedia o nome da mãe.

Picasso tem vinte anos e é reconhecido por seus pares como uma esperança da pintura espanhola. No entanto o reconhecimento obtido em Barcelona não se compara ao que pode esperar vir a ter em Paris, onde Manyac, que lhe paga uma mesada sem receber grande coisa em troca, acaba de conseguir que o *marchand* Ambroise Vollard o exponha. A galeria de Vollard é pequena, na Rue Lafitte, mas ele tem um olho seguro e bastante habilidade para ganhar a confiança de alguns bons artistas e de colecionadores importantes. Já expôs Cézanne, Degas e Renoir. Assim, sem mesmo esperar o *vernissage* da Sala Parés, Picasso, carregado de pinturas e desenhos, toma o trem para Paris, onde se instala, no Boulevard de Clichy, no ateliê ocupado por Casagemas antes de sua morte e depois por Pallarés antes de tornar a partir para Horta. Põe-se a trabalhar em seguida, pois precisa ter bastante quadros para fornecer a Manyac sem demora, com o qual, aliás, coabita e que o incita a pintar alguns temas que não pertencem a seu repertório, a fim de melhor seduzir os clientes de Vollard: buquês de flores e corridas de cavalos, por exemplo. Em tela ou em papel, umas sessenta obras são apresentadas, no final de junho, na Rue Laffite; Picasso divide as paredes da exposição com seu conterrâneo mais velho Francisco de Iturrino, e isso pouco mais de um mês após a chegada em Paris.

Certas telas se ressentem da pressa com que foram pintadas, mas o conjunto testemunha uma bela segurança plástica tanto na composição quanto na pincelada espessa, larga, alongada, e algumas demonstram uma grande força de expressão ao revisitar o tema, embora repisado, do cancã francês. O escritor Gustave Coquiot foi solicitado a escrever um texto de apresentação do jovem artista, que pode assim ler num jornal, antes mesmo da abertura da exposição, o elogio de seu talento. Ei-lo promovido a pintor da mulher moderna, livre, sensual, carnal, perturbadora, perigosa, fascinante. Um outro apreciador de arte, Félicien Fagus, na *Revue Blanche*, vai mais além do reconhecimento do tema que domina esse conjunto de obras e afirma que a força de Picasso, embora ainda não tenha forjado seu estilo pessoal, é sua capacidade de absorver influências múltiplas, sua impetuosidade e sua "brilhante virilidade". Enfim, um eco mais do que favorável da exposição chega à Catalunha graças a Pere Coll, que faz um comentário em *La Veu de Catalunya.* Todos os seus defensores reconhecem que Picasso ainda não atingiu a maturidade, o que é normal considerando sua idade, e parece certo que ele tem diante de si um futuro extraordinário. E como Vollard vende mais da metade de suas obras expostas, algumas para grandes colecionadores, Picasso pode ficar satisfeito. Seria ele o novo especialista das cenas de café-concerto? Ainda não apareceu o sucessor de Toulouse-Lautrec e o público continua ávido de imagens de mulheres desinibidas. O jornal *Frou-Frou* publica alguns desenhos desse jovem pintor, que tinha talento o suficiente para ser desenhista interino do periódico, e Coquiot lhe encomenda uma série de retratos de cantoras, dançarinas e cortesãs. Vários projetos de cartazes requerem assim sua atenção, mas não chegam a se realizar, os patrocinadores não estão convencidos do que ele lhes propõe. É que Picasso não consegue trabalhar sob encomenda, só se sente à vontade na total liberdade. Ele precisa ser o único a decidir os temas de que trata e a maneira como os trata.

A liberdade, Picasso a cultiva tanto no amor quanto na pintura, e, abandonando a Odette de sua temporada anterior, ele toma Germaine, salva do disparo de Casagemas pelo escultor Manolo (Manuel Martinez i Hugué), que estava presente na noite do drama e soube ser com ela mais eficaz que o suicidado do mês de janeiro. Germaine é uma moça simples e espontânea, para quem é difícil compreender por que as coisas do amor são tão complicadas para alguns. Nem Manolo nem Odette aceitam isso com bom humor; ele, furioso contra a amante e contra o amigo pouco delicado, esquece de demonstrar o bom humor que lhe é habitual e atormenta os dois amantes. Nem por isso Picasso se deixa comover. Ele está acima desses enredos amorosos e, uma vez realizado o trabalho da exposição na galeria Vollard e virada a página da ilustração derrisória, uma preocupação mais grave leva-o a uma nova aventura artística. Longe da leveza das saias arregaçadas nas cenas de café-concerto, cumpre-lhe fazer em pintura o luto de Casagemas. Morto o pintor, ele o imagina várias vezes em diversos quadros, um dos quais à maneira de Van Gogh, outro suicidado, e no qual a imensa chama de uma vela explode em raios traçados em largas pinceladas. Pinta uma grande *Vigília fúnebre* e, sobretudo, um quadro mais vasto e mais complexo, *O enterro de Casagemas* (ou *Evocação*). Ali o morto aparece estendido ao pé de pessoas que choram diante de um túmulo, enquanto uma outra cena se passa acima, no céu: um cavalo branco leva sobre as nuvens o morto, ao qual se agarra uma mulher nua, enquanto outras também despidas, mas com meias nas pernas, olham os dois se afastarem. Há algo aí de El Greco, na elevação da terra ao céu, mas a composição é mais desordenada e grosseira, cultivando uma falsa inocência que lembra um pouco as banhistas de Cézanne. Na verdade, não é um quadro inteiramente bem-sucedido, apesar da qualidade da homenagem póstuma prestada ao amigo morto e da bela insolência que ironiza o tema da subida ao céu exaltado em múltiplas *Ascensões* e *Assunções* da pintura religiosa.

Essa surpreendente mudança de orientação de sua obra, ou melhor, esse parêntese (mas não esqueçamos que ele ainda está se buscando), tem a ver com um novo amigo que entrou na vida do jovem Picasso, para quem a amizade é mais importante que o amor: é Max Jacob. Filho de um alfaiate de Quimper [Finistère, França], ele tem 25 anos. Tentou a filosofia, o direito, o jornalismo. Frequentou a Academia Jullian, um dos lugares de Paris para a iniciação nas belas-artes; vive em pobreza, escrevendo poemas, pintando guaches, sobrevivendo graças a trabalhos humildes e diversos. É sobretudo um espírito vivo, original, não conformista. Afastado de todo academismo, seja em arte ou em literatura, coleciona imagens da iconografia popular de Épinal, que estão longe então de ser consideradas obras de arte respeitáveis. Como colaborou para um jornal de arte, o astuto Manyac fez questão de conhecê-lo e de convidá-lo à exposição de seu protegido na Vollard. Ali Max ficou suficientemente impressionado com o que viu para ter vontade de conhecer o pintor. Ei-lo assim chegando no Boulevard de Clichy em companhia de Manyac e imediatamente fascinado por Picasso, a tal ponto que, no momento de retirar-se após ter contemplado alguns quadros, e sentindo pesar sobre si o olhar dos grandes olhos negros do pintor, esboça uma reverência! Eles pouco falaram, Max não conhecia uma palavra de catalão nem de castelhano, e Pablo ainda falava pouco o francês, mas foi o bastante para se reconhecerem: são da mesma raça, preocupados por uma mesma busca exigente de uma nova linguagem, de uma nova expressão para sua época.

É o começo de uma grande, profunda, real amizade. Max, que tem o coração cheio de generosidade, admira Pablo, sentindo que este ainda está longe de ter dado tudo que promete; assim o procura, para amá-lo e servi-lo. Como Pablo não ficaria tocado, ele que sabe que a admiração de um amigo é o melhor dos apoios? Max será seu professor de francês, seu iniciador na literatura francesa, seu mentor, seu Grilo Falante, seu Sancho Pança. Falará de ocultismo, de astrologia, de magia, explicando que toda arte verdadeira é mágica. Eles serão durante algum tempo inseparáveis. No momento em que parece poder se afirmar como cronista social, retratista realista, Picasso, marcado pela morte de Casagemas e encorajado por Max Jacob, interioriza-se, busca dentro de si mesmo imagens, compraz-se em dar livre curso à fantasia, ao simbolismo, à melancolia também. Pinta quadros simples, com figuras bem delimitadas, de cores vivas, em grandes camadas de tinta; um menino que protege um pombo em seu peito, um Arlequim sentado num banco de café e mergulhado em longínquos pensamentos, uma mulher sentada noutro banco, com um lenço sobre os ombros e um rosto contraído... No Bateau-Lavoir, o estranho prédio de madeira da Rue de Ravignan onde vivem vários artistas, ele fica conhecendo o ceramista basco Paco Durrio, amigo, admirador e discípulo de Gauguin que conserva em seu ateliê um conjunto importante de obras de diferentes técnicas que o artista exilado nos trópicos lhe confiou.

Jaume Sabartés, que chega de Barcelona em outubro de 1901, quando Pablo festeja seus vinte anos, está completamente desarmado. Sucumbindo, como tantos outros catalães, à miragem de Paris, ele precisou tomar seu banho de modernidade, instalando-se no Quartier Latin, buscando ser – ele, o poeta – a alma do grupo dos artistas catalães de Paris. Picasso desce de Montmartre para almoçar no La Lorraine, ou vai até lá no começo da noite. Um dia observa ali o amigo, que não o viu entrar, e, de volta ao ateliê, faz seu retrato como um jovem melancólico, apoiado nos cotovelos, queixo pousado na palma da mão esquerda, enquanto a outra segura um grande copo de cerveja. No quadro domina o azul, que é a cor simbólica, tradicional, da melancolia e que os artistas *fin-de-siècle* dos anos precedentes cultivaram de bom grado. "Foi pensando que Casagemas estava morto que passei a pintar em azul", dirá mais tarde Picasso a seu amigo Pierre Daix.

Sensível à tristeza e à miséria que são as companheiras da boêmia, embora esta se dê ares de desenvoltura, Picasso não está alegre. Ele olha a seu redor. Vê. Vê tudo e registra. Sabe que a vida de artista não é um longo passeio num jardim florido e que o pequeno sucesso que obteve até então não lhe garante dias fáceis. Busca suas marcas; não se sente em casa em lugar algum, nem em Madri, nem em Barcelona, nem em Paris (e não estaria melhor em Málaga). Não consegue tampouco situar-se em pintura, nesse caminho aventuroso, nem como se realizar nele. Pinta seu autorretrato, a cabeça clara sobre o capote escuro com gola levantada, e faz de seu busto, até a cintura, uma massa imponente (que o aumenta de tamanho!), o rosto coberto por uma espessa cabeleira negra sem mecha na testa, com barba e bigode – e sobretudo, no alto do quadro, aqueles dois olhos redondos e negros de olhar profundo, intenso, melancólico, mas de uma melancolia que não é fragilidade, ao contrário da de Sabartés. Eis aí, claramente, a imagem de um homem maduro, determinado, consciente dos obstáculos que ainda precisa transpor; que não se satisfaz com o que vive, nem com o mundo no qual vive, mas que está decidido a "salvar a pele". Para ele, a salvação não estará nem na fuga nem no devaneio baudelairiano que geralmente acompanha a melancolia. Muito pelo contrário, Picasso não cessa de enfrentar o real, que alimenta sua pintura desde sempre e que ele estuda com atenção e precisão, levando-o em conta, cercando-o, fixando-o em imagens. Mas o que é o real? A seus olhos, mais as pessoas do que as coisas, os homens e as mulheres do mundo de seu tempo, os próximos e os desconhecidos, e ele próprio, enfim, um entre tantos outros, mas único, e com um destino ainda a construir.

Picasso vive em Paris, no pós-Casagemas, amadurecido por essa morte e pelo luto, que reavivam a lembrança de Conchita, sua irmãzinha, cuja agonia acompanhou. Ele tem amigos, mulheres, alguns certamente conhecidos em encontros casuais nessa Montmartre onde reina uma inegável liberdade. Germaine, a amiga, não é mais sua amante titular, e é uma certa Blanche, da qual poucos traços chegaram até nós, que por um tempo ocupa esse papel. Mas não existe aí nenhuma paixão, nenhum grande amor, a não ser a pintura na qual se obstina, trabalhador decidido, insatisfeito com o que já fez, engajado numa conquista cujo termo não pode ver, que será talvez sem fim.

Mulheres dançam, cantam, levantam as saias nos cafés-concertos. Outras, nos prostíbulos, entregam-se desavergonhadamente aos jogos e ritos do sexo pago. Mas essas mulheres da boêmia, essas mulheres da sombra, têm uma outra face, menos alegre, dolorosa, dramática, sórdida mesmo: a das infelizes que, no Saint-Lazare, a prisão de mulheres, carregam o fardo de uma doença venérea, assinalada pela touca que usam. Aristide Bruant as cantou, Toulouse-Lautrec também teve simpatia por elas, e Picasso vai vê-las, por sua vez. Saint-Lazare é visitado um pouco como um zoológico, quando se tem a cumplicidade do médico especialista em doenças venéreas, encarregado dessas pacientes um pouco particulares. E o que há de mais oposto ao mundo burguês do qual se retrai a boêmia, o que há de mais fascinante para uma geração alimentada de simbolismo pós-baudelairiano do que essas mulheres marcadas pelos sinais do estupro e da morte? Entre o artista e a prostituta, esses dois seres da margem social, há uma conivência natural, algo mesmo de uma fraternidade, e Picasso, no Saint-Lazare, olha com compaixão as prisioneiras submetidas à autoridade das guardiãs e das freiras. Ele é, ainda aqui, o herdeiro de Toulouse-Lautrec.

Mas demonstra uma nova gravidade que ora vem do Gauguin retratista de Arles e da Bretanha, ora do Greco mestre do drapeado, chegando a confundir madona e meretriz, como observa John Richardson.

O sucesso da exposição na galeria Vollard é efêmero e, mais uma vez, o dinheiro se torna escasso. Manyac continua a despejar magros emolumentos, mas logo cessará, não renovará o contrato de Pablo, ou aproveitará a situação para tomar-lhe todas as telas a um preço irrisório. Aliás, a coabitação com esse homem tão venal quanto amistoso (é o preço a pagar para dispor de um ateliê) não é das mais agradáveis. Picasso não vê surgir em Montmartre uma nova aurora, e não é porque, com alguns amigos, se ocupa da decoração de um pobre cabaré da Rue Ravignan, o Zut, onde o grupo dos catalães passa intermináveis noitadas, que se sente realmente à vontade. Há ali demasiada preguiça, discussões fumarentas, autossatisfação e pouca ambição e espírito de aventura. Ele não é homem de grupo, de panelinha, de escola. Sabe que precisa fazer seu caminho a sós e que já está longe do lugar onde seus companheiros ainda patinam. Não é beberrão como os outros e está muito obcecado por seu trabalho para se perder nas noites do Zut. Então compreende que está num impasse, que não pode ficar em Paris em tais condições. Chegou cheio de esperança; torna a partir decepcionado, mas não destruído. É preciso mais para abatê-lo, e tanto faz se deve pedir ao pai, que no entanto o prevenira, o dinheiro necessário para voltar a Barcelona, onde não tem outra solução senão instalar-se novamente, em janeiro de 1902, na casa dos pais, mas onde pode trabalhar no ateliê de Angel de Soto.

O importante é pintar; e Picasso, em Barcelona como em Paris, não faz mais que isso, pintar. Seguindo a mesma veia dos meses precedentes, em Montmartre. Sempre obcecado pela pobreza, as mendigas, as mulheres de prostíbulo, as mães sozinhas com seu bebê. Sempre com El Greco e Gauguin nos olhos (e restos de Toulouse-Lautrec e de Puvis de Chavannes). E com o azul dominando, cada vez mais, uma pintura submersa em azul. Azul do mar e azul do céu. A tal ponto que os críticos falarão, mais tarde, de sua "fase azul". O azul da melancolia já evocado? Não exatamente. Não devemos imaginá-lo mirando as gaivotas diante do mar como um jovem romântico, e, se seu humor é tristonho, ele não tem a indolência da melancolia que leva à inação. Há razões para que esteja tristonho: a vida não é fácil, a pintura lhe dá menos a alegria da realização do que a preocupação de um questionamento permanente, e o dinheiro lhe falta. Sim, o dinheiro mais que o sucesso, porque ele resiste em separar-se de suas telas, porque se inquieta menos com o julgamento dos outros do que com o olhar que ele próprio põe em suas obras. O importante, para ele, é pintar, avançar em sua obra e com sua obra; estudando, se essa necessidade se faz sentir, os obstáculos que se colocam na vida cotidiana.

Embora Barcelona seja mais provinciana que Paris, e ainda que seus artistas estejam presos às maneiras dos últimos dias do século precedente, Picasso sente-se em casa. Pelo menos pode viver decentemente, mimado pela mãe, com a indulgência do pai, e trabalhar com liberdade sem ter de suportar as recriminações de um Manyac que lhe reprova pintar obras invendáveis. Tampouco lhe faltam amigos; reencontra os frequentadores de Els Quatre Gats, faz passeios ao mar no barco de Pichot, que também está de volta à terra, inicia-se na escultura com Emili Fontbona, vai conhecer o novo funicular do Tibidabo que domina Barcelona com Julio González, ás do metal e futuro grande escultor, retoma, enfim, com Sabartés, que chegou de Paris na primavera, suas longas discussões.

Music halls e bordéis não são menos atraentes em Barcelona do que em Paris, e esse grande trabalhador, capaz de uma concentração total quando está no ateliê, sabe também se distrair e trabalhar se distraindo, sempre desenhando, investigando, registrando tudo. Fora da solidão na qual mergulha quando pinta, ele tem necessidade de companhia, de tagarelar, e mais: de ter uma corte a seu redor. No entanto, confirma-se o que ele sabe há muito tempo: não é de Barcelona que poderá empreender seu voo. O meio artístico é muito pequeno, muito fechado em si mesmo, e a cidade é demasiado filistina para que um artista como ele possa se desenvolver. Els Quatre Gats, que não é mais dirigido por Pere Romeu, não tem mais o charme de sua juventude. É por isso que ele foi duas vezes a Paris, como os melhores artistas catalães, e terá de retornar a ela, assim que puder. Enquanto espera, e com a arte que possui de nunca perder tempo e de aproveitar tudo o que pode colher, ele descobre a riqueza e a intensidade da arte tradicional catalã, então desconhecida. Tem por guia nessa matéria pouco acessível o fotógrafo Joal Videl Ventosa, ex-aluno da Llotja, que conhece todas as igrejas, todas as capelas da região, onde fotografa suas obras de arte a fim de constituir um imenso catálogo de imagens.

A Catalunha está mais do que nunca em busca de si mesma para restaurar sua identidade sufocada por Madri. Atiçada pelos anarquistas, a agitação é permanente, ao menos palpitante enquanto não explode. Em fevereiro de 1902, um mês após o retorno de Picasso, uma greve geral foi severamente reprimida pelo exército e resultou numa dezena de mortos e em centenas de detenções. A reivindicação nacionalista catalã se fortalece, mergulhando na história para recuperar uma tradição artística original, por muito tempo ocultada. Alguns, como Joal Videl Ventosa, que procuram fazê-la conhecer, organizam, no outono de 1902, uma exposição de arte antiga que, em torno de algumas obras de grande prestígio assinadas por El Greco ou Zurbarán, valoriza o patrimônio românico e gótico da região. Para muitos catalães é uma verdadeira revelação, um motivo de orgulho. Para o andaluz Pablo Picasso, fascinado pela qualidade formal e expressiva das esculturas mais primitivas, é um choque artístico. Existe aí algo do que obsedou Gauguin, cujos quadros ele viu na galeria Vollard: uma profunda selvageria da arte, uma intensidade mágica que torna irrisório tudo que é apenas da ordem da representação e da imagem.

Enquanto não tem a ocasião de expor em Barcelona, onde os lugares possíveis são raros e o mercado é restrito, Paris lembra-se dele. Berthe Weill, que mostrou em sua galeria no bairro Pigalle, no mês de abril, um conjunto de obras pertencentes a Manyac e que foram bem vendidas, vai recomeçar em novembro e poderia ser o momento de tratar diretamente com ela, propondo-lhe algumas de suas últimas obras. Não é porque foi duas vezes expulso de Paris que Pablo não vai voltar. Ao contrário. Um dia vai se impor, um dia triunfará. Antes é preciso resolver o problema incômodo do serviço militar, sempre em suspenso. Mas como obter a soma que lhe permitiria permanecer civil? Felizmente a mãe, sempre amorosa e confiante, não pensa – como o pai – que uma temporada no exército lhe daria um melhor senso da realidade. Parece que foi ela que convenceu o tio Salvador a pagar a tal soma. Seu querido filho Pablo pode assim tomar o trem para Paris em companhia de Josep Rocarol e de Julio González. Outro problema: ele não tem um tostão e precisa recorrer aos magros recursos de Rocarol. Como González foi embora, preferindo, por orgulho, não recorrer ao grupo dos catalães de Montmartre, os dois outros encontram asilo num hotel pobre de Montparnasse, de onde Picasso parte para tentar a sorte com Durand-Ruel, o *marchand* dos impressionistas, que ele não seduz, e depois com Vollard, que não está interessado em sua produção recente. Berthe Weill, como sempre, não tem dinheiro e nada pode fazer por ele; assim, só lhe resta o favor do escultor Agero, que o abriga por algum tempo em sua casa, apesar da exiguidade do local. Eles vivem com dificuldade numa peça escura, mas mesmo assim Picasso encontra o meio de fazer alguns belos desenhos nitidamente inspirados nos Poussins que acaba de admirar no Louvre. Um dia ele passa na casa de Rocarol, a porta não está chaveada, entra e apodera-se de um pedaço de pão e de algumas moedas deixadas na mesa.

Max Jacob, o amigo fiel, vem em seu auxílio. O poeta generoso tem apenas uma cama estreita onde não cabem duas pessoas lado a lado, mas a peça onde vive é limpa e bem arrumada, e ele partilha sem hesitar o pouco que possui com esse homem que ele admira e ama intensamente. Max Jacob dispõe de magros rendimentos porque trabalha como preceptor, de "babá" como ele diz, e bem ou mal os dois conseguem se alimentar, mesmo se às vezes lhes restam crispações no estômago. Com ele a conversa é apaixonante, enriquecedora, e nenhuma rivalidade afeta essa amizade, muito pelo contrário. Tampouco a presença entre eles de uma jovem que viu em Max a possibilidade de deixar o marido, que batia nela, e que dá ao poeta, até então exclusivamente interessado por rapazes, a ocasião de uma aventura heterossexual, que será a única.

As pinturas tão azuis de Picasso têm uma estranheza que desarma os clientes de Berthe Weill. Assim o pintor, que expõe com seu amigo Pichot e um obscuro Launay, não alcança o sucesso que esperava. O escritor Charles Morice observa que nenhum de seus personagens sorri e que sua obra, embora forte, ainda busca uma realização. Apostando nesse "homem muito jovem", ele escreve, com uma intuição exata do que são o humor e a ambição de Picasso: "Poderia ser considerado um jovem deus que gostaria de refazer o mundo. Mas é um deus tristonho". Essa marca de tristeza, de espírito *fin-de-siècle* que pesa sobre sua obra, desvia dela os apreciadores desejosos de imagens menos perturbadoras. A atenção de Charles Morice o toca tanto justamente por vir de um amigo de Gauguin e por concretizar-se também pela doação de uma cópia do manuscrito de *Noa Noa*, esse manifesto de uma arte, de um pensamento e de uma vida diferentes que escapam às tradições do Ocidente, que rompem com a cultura cristã, europeia, que fundam uma estética e uma ética ditas *primitivas,* para não dizer *selvagens*, mas para as quais não se dispõe de palavra mais adaptada. Gauguin, o autor desse texto, de certo modo seu testamento artístico, vive então seus últimos dias nas ilhas Marquesas e Picasso já traz consigo uma parte de sua herança.

Chega o Natal mais uma vez, e Picasso, sem nenhum vintém, controla sua impaciência em Paris, onde o inverno é muito frio para esse andaluz friorento. Novamente o impasse. Ele precisa voltar a Barcelona, onde pode viver de maneira menos desconfortável, onde sempre encontra o apoio da família e de alguns amigos. De novo coloca-se o problema do bilhete de trem. Felizmente um belíssimo pastel vendido a bom preço lhe permite embarcar, em janeiro de 1903, na Gare d'Orsay, após ter deixado, enroladas e guardadas, algumas obras na casa de Pichot. Ele voltará. Sabe que voltará.

A mãe, paciente e confiante, o acolhe sem recriminação. Já o pai fica desolado de vê-lo afundar-se (ele pensa), mas não perde a esperança de que volte à razão artística e leve uma vida com menos solavancos. De todo modo, ele sabe que nada adiantaria censurar Pablo ou dar-lhe conselhos, pois este sempre agirá conforme sua cabeça.

Trabalhar, trabalhar, ir mais longe, mais fundo, com mais força, sem deixar-se atingir pelo sucesso, tal é seu projeto de vida. Ele conseguirá forçar as portas que é preciso transpor para poder viver de sua arte e assim escapar às misérias da boêmia. Paris acabará por lhe abrir os braços. Tudo que ele viu e assimilou durante anos, os grandes mestres do Prado e do Louvre, El Greco e Poussin, os catalães primitivos, Gauguin, ele precisa ainda misturar, superar para encontrar-se a si mesmo, realizar-se, ser, enfim, de maneira decisiva na arte do século que começa, Picasso. De novo dorme na casa dos pais, pinta no ateliê de Angel de Soto. Falta-lhe dinheiro para trabalhar numa tela grande, mas, como acaba de recuperar *Os últimos momentos*, que lhe parece muito distante de suas preocupações atuais, vai servir-se dela para tentar uma grande obra. Desenha, elabora, avança por tentativas. Aos poucos um casal se impõe. Uma ternura, um pintor com seu cavalete, uma maternidade. A vida, o amor, o futuro, a obra. Será *A vida*, um quadro que responde a Charles Morice: não, ele não é o artista desesperado que parece ser, e, se pinta, se pintou e se continua a pintar a tristeza e a miséria, isso não quer dizer que ele próprio mergulha numa melancolia sem saída. El Greco, Poussin, Gauguin, todos os grandes artistas não são, cada um a sua maneira, mestres de esperança, homens que se abrem ao futuro? *A vida* soa como um eco às grandes pinturas carnais e pagãs de Gauguin, mas Picasso faz disso um quadro que, ultrapassando as influências das quais se alimentou, impõe-se como uma obra original, pessoal, que testemunha seu domínio do desenho, seu senso da composição, sua vontade de pintar quadros que tenham sentido, que não sejam simples imagens. A obra é enigmática. Mostra-se de uma evidente força simbólica, embora por interpretar. Três personagens, hieráticos, são representados de pé. Uma mulher nua, langorosa, agarra-se a um homem de olhar vago, vestindo um calção de banho, que se volta para uma outra mulher que veste uma ampla túnica e segura um bebê nos braços. Entre o casal e a mãe, no meio do quadro, a mão do homem, com o dedo erguido, num gesto que pertence a El Greco, parece aqui exprimir mais um recolhimento do que uma designação. No fundo, sobre a parede, veem-se duas pinturas: uma mostra uma mulher agachada, curvada sobre si mesma, a outra, um casal sentado, enlaçado, a mulher agarrando-se ao homem como a que está de pé, no primeiro plano. O homem (o artista), a mulher e a amante? Para interpretar esse gesto da mão que parece ser o núcleo do quadro, John Richardson, em seu livro dedicado à juventude do pintor, invoca o ocultismo do tarô, pelo qual Max Jacob era apaixonado. Certamente Picasso conhecia sua iconografia e talvez tenha se inspirado nela de maneira consciente ou não, mas nada nos garante que lhe deu o mesmo sentido (o sinal do mágico, de Hermes Trismegisto). Concluído no mês de maio, o quadro é imediatamente vendido a um colecionador, a julgar por um artigo publicado num jornal local (mas essa informação sem dúvida se deve apenas a uma complacência publicitária de um amigo cúmplice, e o comprador não é senão um membro da pequena comunidade artística que então cerca Picasso com admiração).

Outros quadros, menores, menos importantes, acompanham esse, testemunhando também uma segurança, uma nova firmeza no desenho e na composição. Permanecem fiéis à visão miserabilista dos meses precedentes, mas com menos pieguice e um recurso mais evidente à tradição patética, que é uma das linhas de força da pintura espanhola. Homens velhos, magros, pobres, dignos: um asceta, um cego, um violonista, um judeu acompanhado de uma criança... E o azul, ainda o azul. Picasso, com 21 anos, prova que é um mestre pertencente à história da arte espanhola. Mas há um outro Picasso, secreto, sem gravidade, jamais melancólico: aquele que, num traço espontâneo, faz uma série de desenhos pornográficos dos quais se pode tirar esta mensagem simples, que nada deve a algum esoterismo e deve tudo aos fantasmas e ao humor do artista: sexo é vida. Na loja de miudezas que os irmãos Sebastiá e Carles Junyer Vidal herdaram e que lhes permite serem amigos mecenas, Picasso, que rabisca sem se preocupar com exposição, dá livre curso à sua fantasia, revelando a face oculta do artista sério que ele é aos olhos dos que consideram sua pintura com atenção. É graças a tais amigos que ele vive e pinta com bastante tranquilidade, dando desenhos e quadros em troca de seu sustento, numa permuta sem pretensão que tanto o alegra quanto o ajuda a resistir. Assim o alfaiate Benet Soler Vidal, que confecciona suas roupas e o recebe com frequência em sua mesa familiar, é recompensado com seu retrato, o de sua esposa e com uma grande tela representando sua família num piquenique, à maneira do *Déjeuner sur l'herbe* [Piquenique na relva] de Manet (a sra. Soler, porém, conserva seu vestido, ao contrário das moças nuas do mestre dos impressionistas). Ele pode também pintar, por amizade e por divertimento, afrescos eróticos para a decoração do apartamento que Sabartés acaba de alugar. Mas o essencial não está aí, e Picasso sente a estagnação, cansando-se novamente dessa vida provinciana, carente de ideia e de estímulo para se lançar em projetos mais importantes. Ele prossegue sem paixão a veia azul da qual *A vida* foi a realização, pintando uma família a tiritar de frio à beira-mar, e acrescenta à sua obra um único quadro de envergadura, porém magistral, o retrato de uma alcoviteira proxeneta e um pouco feiticeira, bem conhecida da Barcelona boêmia. *A Celestina*, caolha mas com um olho preto terrivelmente perscrutador, solidamente plantada, envolta em sua capa, coloca-o na linhagem da grande pintura espanhola, a de Goya e Velázquez. Eis aí uma bela maneira de sair da pieguice simbolista dos três últimos anos e também um gesto de despedida de Barcelona: para esse pintor ainda tateante, que não se prende a estilo algum, já é tempo de deixar uma cidade para ele confortável, mas sonolenta demais, para tentar a sorte em Paris, onde Paco Durrio lhe deixa seu ateliê do Bateau-Lavoir, a grande construção de madeira que se ergue no flanco da colina de Montmartre.

Um artista moderno

O Bateau-Lavoir parece ter sido construído ao sabor das circunstâncias, com uma sucessão de andares que se elevam entre duas ruas e uma distribuição irracional de alojamentos e corredores. É que ele só foi dividido em cerca de trinta ateliês num segundo momento. O nome sob o qual esse prédio entrou na história lhe virá um pouco mais tarde. Quando Picasso ali se instala, ele é conhecido como "a casa do caçador". Como o conforto e a higiene não são uma prioridade nesse bairro popular, uma única privada e uma única torneira são partilhadas pelos locatários, em sua maioria artistas sempre "duros" que pagam um aluguel modesto. Um quitandeiro, um homem-sanduíche e um tenor italiano também fazem dali seu lar.

Pablo Picasso chega a Paris em abril de 1904, acompanhado de Sebastiá Junyer Vidal e do cachorro Gat, presenteado por Miquel Utrillo. Suas obras que para ele têm mais importância o acompanham, as outras, que considera como trabalhos de juventude, ficaram em Barcelona. Junyer Vidal, que paga o aluguel do ateliê situado no andar superior do Bateau-Lavoir, do lado da Rue Émile-Goudeau e cuja mobília se reduz ao mínimo, tem direito ao único leito. Picasso deve se contentar com um tapete. Um terceiro homem, um violonista cigano amigo de Durrio, dorme ali também, do jeito que dá, durante algum tempo. Junyer Vidal, como Picasso, veio tentar a sorte em Paris, mas, diante de tanto desconforto e constatando que os comerciantes de quadros não estão interessados em sua pintura, não demora a voltar a Barcelona, deixando o leito a Picasso, que logo tem a ocasião de comprar alguns outros móveis e objetos do escultor Pau Gargallo, quando este deixa seu ateliê de Montparnasse. Um padre catalão amigo dos pobres permite-lhe, graças a um modesto empréstimo, melhorar seu alojamento.

Os amigos catalães Pichot, Canals, Manolo, que permaneceram fiéis a Montmartre, o acolhem com alegria. Também Max Jacob, que nada perdeu da afetuosa admiração que tem por ele. Assim, recém-chegado, Picasso reencontra aquele espírito caloroso de amizade e comunidade artística de que tanto necessita, à noite, após uma jornada de trabalho. Retoma seu lugar à mesa de Gustave Coquiot, que também o ajuda financeiramente, e de vez em quando vende a ele, a preços módicos, algumas obras. Mulheres não faltam... Há Madeleine, uma modelo que seguidamente lhe faz companhia à noite, e que recorre aos serviços de uma mulher que faz abortos porque não deseja o filho engendrado por Picasso... Há Alice, que é também a amante de um matemático apreciador de arte; Marguerite, a enteada de Frédé (o dono do restaurante Lapin agile), de quem faz o retrato em *Mulher com a gralha*; enfim, há Fernande, a amante de um escultor do Bateau-Lavoir, que ele fica conhecendo, numa noite de tempestade, no pequeno terraço existente no andar superior do estranho prédio. É uma mulher livre, bonita, carnuda, ruiva, de olhos verdes, que gosta do amor e não se preocupa com fidelidade. Ele lhe barra a passagem oferecendo-lhe um gatinho que acaba de recolher, convida-a a vir a seu ateliê, mostra-lhe suas pinturas – e eles se tornam amantes, de forma intermitente, sem romper com suas outras relações.

Uma constatação: há mais obras em papel do que quadros nesse primeiro momento de sua quarta temporada em Paris: a economia tem suas razões, e a arte deve sujeitar-se a ela. Mas é também porque Picasso, que sente estar num ponto de mudança capital de sua vida e de sua obra, não se lança em grandes obras que testemunhariam a passagem a uma nova etapa. Ele tem dificuldade de sair da série azul e é muito lúcido para não pressentir que assim corre o risco de cair novamente num impasse. Não sabe muito bem onde está, não sabe para onde vai. Mas, se atravessa momentos de dúvida, continua tendo, no essencial, uma confiança irredutível em si mesmo e na pintura ainda por pintar. Da poesia e dos poetas lhe vem um novo impulso. Max Jacob já o estimulou; entram agora em sua vida dois extraordinários agitadores de ideias, bem mais modernos que Max Jacob: André Salmon e Guillaume Apollinaire.

Salmon, também nascido no outono de 1881, é então um daqueles jovens poetas que liquidam em Paris a herança do simbolismo, tentando o jornalismo com uma prosa sofisticada e traçando planos para o século XX. É um homem refinado, inteligente, sonhador e falante, que passou a infância em São Petersburgo onde o pai era gravurista. Numa noite de outubro de 1904, ele é levado por Manolo ao ateliê de Picasso, que, vestindo uma espécie de macacão de mecânico, pinta à luz de uma lâmpada de petróleo e ilumina à vela suas telas azuis para mostrá-las aos visitantes. A simpatia, imediata, é recíproca. É mais ou menos no mesmo momento que o pintor conhece Apollinaire, escritor mais renomado, nascido em 1880, que dirige a revista *Le Festin d'Esope*, na qual escreve Salmon. Manolo, o amigo intermediário, apresenta a Picasso Jean Mollet, um outro amigo do poeta, que lhe serve mais ou menos de secretário e se paramenta com o título de "barão", e é Mollet que insiste em colocar frente a frente esses dois espíritos originais, cujo encontro ele acha que pode ser fértil. Sua intuição é correta, e, num bar do bairro Saint-Lazare, vai se passar um dos atos fundadores da modernidade do século XX: Apollinaire e Picasso, embora apaixonados pela história de suas respectivas artes e de modo nenhum iconoclastas, avançam, ambos, no sentido da ruptura do academismo, interessados nas expressões marginais, nas artes primitivas, selvagens e populares. Eles estão prontos a viver aventuras até então inéditas.

Apollinaire não é o nome verdadeiro de Guillaume, como Picasso é o de Pablo. A figura imponente que nesse dia fuma cachimbo e conversa, cercada de uma pequena corte, chama-se *de Kostrowitzky*. Filho natural de uma mãe de origem polonesa e de um nobre italiano frequentador de cassinos, ele recebeu uma educação pouco convencional e cedo demonstrou uma rara inteligência, uma grande curiosidade e um espírito dos mais originais. Forjou uma cultura muito pessoal, absorvendo uma série de obras estranhas, e começou muito jovem a escrever prosas e poemas que teve dificuldade de fazer conhecer, mas que por fim se impuseram, graças à revista *La Plume* e a seus saraus literários, como uma das esperanças da vanguarda. Pouco conhecedor de arte e por ela se interessando mais com a intuição de poeta do que com uma análise de crítico, ele adivinha em Picasso um espírito tão original, criativo e audacioso quanto o seu, e é com muita naturalidade que os dois homens se associam amistosamente para trocar experiências e levar mais longe as respectivas artes. Enquanto Max Jacob ainda considera Verlaine o poeta maior das décadas precedentes, Apollinaire compreendeu que foi o insolente e misterioso Rimbaud que abriu um novo caminho não apenas à poesia mas, de maneira mais ampla, ao pensamento e à vida. E como também reconheceu em Alfred Jarry, o formidável inventor de *Ubu-Rei*, o inimigo mais eficaz de todo academismo, ele tem agora boas armas para tornar-se o campeão de uma modernidade que está ainda a se buscar e que não poderia se restringir à aparente melancolia das pinturas azuis de Picasso.

Após ter apresentado Max Jacob a André Salmon e Guillaume Apollinaire, Picasso, orgulhoso de suscitar uma tal admiração amistosa, escreve acima da porta de seu ateliê do Bateau-Lavoir, que se torna um dos lugares de encontro da vanguarda e a mais intensa das fornalhas onde se cozinha o espírito novo: *Au rendez-vous des poètes* [Ponto de encontro dos poetas]. Para esse pintor que provou seu talento extraordinário, mas que não consegue ainda colocar sua ambição na linha onde poderia dar o melhor de si, é uma grande oportunidade estar assim cercado. Sim, ele fez bem em voltar a Paris, e é agora sob bons auspícios, aos 23 anos, que pode considerar seu futuro.

Apollinaire pratica então uma leveza que Picasso não possui. Esse apreciador de palhaços e músicos que oferecem espetáculos de rua, para quem o desenvolto Arlequim é um alegre modelo, abre uma janela cor-de-rosa no humor azul do pintor. Se este ainda está ligado às figuras familiares (o pai, a mãe, a criança, como a Sagrada Família tão frequentemente pintada), seus novos personagens vivem uma vida menos miserável, uma vida paralela à da norma social, uma vida invejável para quem busca trilhar caminhos não percoridos: o artista, o poeta. É a boêmia que, iluminando-se, muda de cor ao passar dos sem-esperança de Barcelona aos saltimbancos, aos quais Picasso dedica uma série de gravuras e depois faz reinar em suas telas. Ei-lo novamente aplicado a um grande projeto, o de um quadro que o preocupa durante nove meses, *Os saltimbancos*: cinco personagens de pé, evidentemente comediantes, num cenário um tanto vago, dois adultos e três crianças, um belo arlequim e um gordo bufão, um jovem acrobata de calção, uma menina de saiote rosa, um outro garoto; afastada à direita, sentada, uma moça graciosa que não sabemos se faz parte ou não da trupe.

Nem por isso os dois primeiros anos dessa nova vida parisiense são mais fáceis; o dinheiro está sempre em falta, e ele precisa recorrer, sem grande sucesso, aos amigos de Barcelona. As tentativas de ilustração às quais Coquiot tentou arrastar seu protegido não deram em nada, e as vendas de quadros ou desenhos são raras, geralmente em proveito de alguns sujeitos espertos que circulam em Montmartre, explorando a pobreza dos artistas: Louis Libaude, Eugène Soulié, Clovis Sagot... Nem os esforços de Berthe Weill, sempre sem recursos, nem uma exposição pessoal organizada em fevereiro de 1905 por Charles Morice na galeria Serrurier, no Boulevard Haussmann, tiram Picasso das dificuldades, e o elogio que Apollinaire faz nessa ocasião de suas pinturas de saltimbancos na *Revue immoraliste* traz-lhe apenas um pequeno renome:

> Tudo o encanta, e seu talento incontestável me parece a serviço de uma fantasia que mistura justamente o delicioso

> e o horrível, o abjeto e o delicado [...]. Seu naturalismo apaixonado por precisão é acompanhado daquele misticismo que, na Espanha, jaz no fundo das almas menos religiosas.

No que se refere ao naturalismo, Picasso parte, no verão seguinte, para exercitá-lo nos Países Baixos, levado por um amigo holandês conhecido em Montmartre que o acolhe em sua família. Ali, sem mais nenhuma tonalidade melancólica, pinta jovens mulheres nuas e opulentas. No que se refere à religião, ele não deixa de ir, em 3 de setembro de 1905 (no mesmo dia da mudança de Fernande para seu ateliê), com todo o grupo do Bateau-Lavoir, até junto à basílica do Sacré-Coeur, ainda em construção. Numa pequena praça adjacente está sendo inaugurada uma estátua do cavaleiro de La Barre, herói da laicidade decapitado em 1766 por não ter descoberto a cabeça à passagem do Santo Sacramento.

Pouco tempo depois, ele vai ao Salão de Outono que, como o nome indica, realiza-se durante o terceiro trimestre. Nesse ano de 1905, durante o qual busca para sua pintura uma nova aventura, pode apenas observar com atenção a sala que um crítico batiza ironicamente de "jaula das feras", porque ali se vê, entre outros quadros vivamente coloridos, uma tela de Henri Rousseau, dito "o Douanier", um pintor autodidata que se mantém à parte dos cenáculos literários e artísticos da época e segue seu caminho, com orgulho, sem se preocupar com o que está sendo elaborado nas fornalhas da modernidade. Mas nessa sala, na qual as pessoas mais riem do que admiram e onde está também pendurado um quadro de Ramon Pichot, a vedete não é o "douanier", o funcionário da Alfândega municipal (uma aduana instituída na entrada e na saída de Paris), mas Henri Matisse, que aparece como o campeão de uma vanguarda pictórica em ruptura com as delicadezas do impressionismo, para se lançar num caminho que, desprovido de qualquer proteção, parece permitir aos artistas divertirem-se com toda a liberdade. Sua *Femme au chapeau* [Mulher com chapéu] é adquirida por um colecionador audacioso, Leo Stein, que se afeiçoa por um artista considerado desde o início a maior fera das "feras"*.

Esse americano tem a sorte de ser rico o bastante para poder viver dois anos em Paris sem trabalhar, com sua irmã Gertrude, escritora original e ambiciosa, que ainda está apenas em seus começos. Subitamente apaixonado pela arte, depois de ter iniciado estudos de biologia, Leo Stein foi à Itália tomar lições com o grande historiador da arte Bernard Berenson, antes de ir a Paris para ser pintor. Com o espírito e o olhar aguçados por uma grande intuição, a exemplo de Berenson, ele se apaixonou pela obra de Cézanne, de quem adquiriu o belo *Madame Cézanne à l'éventail* [A sra. Cézanne com leque]. Decidido a acompanhar de perto a jovem pintura parisiense e a constituir uma coleção de quadros modernos, Leo logo compreendeu em que portas devia bater; assim, ele não deixa de passar na casa de Clovis Sagot. Este, que, mesmo sendo pouco generoso, é um bom defensor dos artistas com os quais comercia, enaltece-lhe Picasso, de quem Leo adquire uma grande pintura em papel-cartão, *Família de acrobatas com um macaco*. Disposto a não parar por aí, convence a irmã a partilhar seu interesse pelo pintor, que ele tem a ocasião de conhecer na casa de Sagot, que vai ver no Bateau-Lavoir e que acaba por convidar para jantar com Fernande, no seu apartamento da Rue de Fleurus. Gertrude Stein, a princípio reticente, não resiste ao charme de seu convidado. Nasce uma verdadeira paixão súbita de amizade recíproca entre a americana cerebral, que se gaba de em nada ser comandada por seu inconsciente, e o andaluz, que já sabe que a modernidade ainda balbuciante deve restaurar o reinado do espírito primitivo.

Picasso lê pouco, mas desde Els Quatre Gats gosta da companhia dos escritores, sobretudo dos poetas, e é do convívio e da conversa com eles, mais que em seus livros, que aprende, com toda a vivacidade de uma inteligência que

* Em francês, *fauves*. O movimento será conhecido como fauvista. (N.E.)

não deixa passar nada que possa alimentá-la. Como os mais originais, que são geralmente os melhores, vêm procurá-lo e uma conivência natural se instaura no vento da modernidade, ele produz sua própria cultura, fazendo esquecer que nada deve à escola que tão pouco frequentou. Assim, ele é o elemento de ligação entre Max Jacob, André Salmon, Guillaume Apollinaire e Gertrude Stein, cujo salão é então um dos lugares históricos da vanguarda parisiense. O pequeno espírito literário e artístico, que em Montmartre e em Montparnasse não consegue separar-se do simbolismo e do espírito *fin-de-siècle*, faz uma pálida figura diante do que já ocorre numa tal conjunção, junto à qual um outro pintor desempenha um papel mais individual mas tão importante quanto o de Picasso: Henri Matisse, seu rival nas paredes dos Stein.

Gertrude Stein é uma mulher forte, no sentido próprio e no figurado. Em nada se assemelha às mulheres mais ou menos bonitas junto das quais Picasso gosta de bancar, e com sucesso, o galo. Mais: ela se impõe tanto física quanto intelectualmente, e o pintor, que em geral tem com as mulheres um comportamento que mais tarde dirão *machista*, vê nela uma amiga como nunca teve, um ser fraterno. Um modelo espantoso, a quem pede para vir posar em seu ateliê. Ele fará seu retrato. Fará mesmo um grande retrato, um quadro que poderia ser pendurado dignamente ao lado da *Femme à l'éventail* [Mulher com leque] de Cézanne ou da *Femme au chapeau* de Matisse, um quadro moderno que prestará homenagem ao primeiro e suplantará o segundo.

Todo dia Gertrude vai de Montparnasse a Montmartre, num ônibus ainda puxado a cavalo que a deixa na Place Blanche, de onde ela sobe até o Bateau-Lavoir. Ali instala-se numa poltrona afundada, assume uma pose confortável, bem sentada, mãos postas sobre os joelhos, e olha o pintor que a observa, desenha e pinta. Aproveita esse tempo passado na imobilidade para pensar no livro que a preocupa, na escrita que é a arte na qual já está segura (a modéstia não é a primeira de suas qualidades) de ocupar um dos primeiros lugares. Às vezes, para distraí-la, Fernande lhe lê *Fábulas* de La Fontaine. Picasso, de início, a desenha rapidamente, e os que veem esse desenho (o modelo, seus dois irmãos, Leo e Andrew, este último acompanhado da mulher Sarah) ficam deslumbrados. Andrew chega mesmo a pedir a Pablo que não mexa em mais nada. Mas para este não basta ser um maravilhoso desenhista. Sobretudo não agora, quando se trata de jogar uma partida mais importante. Aproveitando a paciência de Gertrude, ele volta à carga dia após dia, tenta encontrar mais força, mais verdade, mais realidade. Apaga, recomeça, busca no retrato da enigmática americana a pintura tal como agora quer pintá-la, longe do simbolismo, do maneirismo *fin-de-siècle* – uma pintura firme, sólida, evidente, que seja no começo do século XX um novo manifesto de modernidade. Mas a pintura resiste a ele. Belos quadros, belos retratos, ele sabe que pode fazê-los, já os fez, sempre poderá fazer. Mas esse não é um desafio suficiente, quando Cézanne mudou todas as regras ao mostrar que o retrato não faz o quadro e que toda a dificuldade do pintor aplicado em captar um modelo consiste em tornar sensível sua presença na imagem, exaltando ao mesmo tempo a pintura mesma. Esta não é um meio de que o artista dispõe, é também um fim em si: um quadro possui sua própria presença e, para quem não tem uma pequena ambição, importa que ele apareça na novidade, na originalidade do que ainda nunca existiu.

Para rivalizar com Cézanne, melhor não usar as mesmas armas que ele. Portanto, deve evitar dissolver as massas no espaço; em vez de mostrá-las etéreas, deve dar às formas seu peso de matéria. E, para ultrapassar Matisse, melhor não jogar como ele com todas as possibilidades da cor. Há o modelo e há o pintor, e entre eles há o olhar, que pode perfeitamente rivalizar com o de Cézanne, com o de Matisse. Com o de Gauguin também, junto de quem Picasso aprendeu como a pintura pode se renovar sendo menos sofisticada, reabastecendo-se na natureza, numa intensa consciência do que há de carne em todo ser humano. Ele quer fazer vir a seu quadro uma Gertrude Stein tão real como a que está aí, sentada na única poltrona do ateliê, e que seja mais que a imagem de um instante. Melhor ainda se pudesse pintar uma Gertrude Stein definitiva...

Durante três meses eles ficam ali, frente a frente, com o cavalete entre os dois e o quadro que não consegue tomar forma, ganhar vida. E Picasso acaba cedendo: a aposta é impossível, Gertrude não passa da poltrona ao quadro; ele a vê e não a vê, não consegue fixar uma imagem que não seja superficial, que seja mais do que uma performance de artista dotado. A pintura, tal como a sente, tal como a quer, não pode ser apenas uma arte: tem que ser magia. Ele reconhece a derrota. Não haverá retrato de Gertrude Stein. E não é nesse momento que vai rivalizar com o extraordinário Matisse que, expondo no final de março de 1906 umas cinquenta telas na galeria Druet, acaba de provar que é, aos 36, o pintor mais original de sua geração e um artista tão inovador como o foram em seu tempo Manet ou Seurat. Sua *Bonheur de vivre* [Felicidade de viver] monumental (mais de dois metros de largura) não se assemelha a nada anterior e rompe com o pontilhismo pós-impressionista de Signac, que ele experimentou antes por algum tempo. Desse quadro emana uma alegria plástica, um frescor de inspiração, uma liberdade de composição, uma audácia no desenho e na cor que estão muito à frente dos saltimbancos de Picasso, o qual tem o olhar e o espírito bastante vivos para constatar isso imediatamente.

No Salão de Outono de 1905, um outro acontecimento reteve a atenção de Picasso: a exposição retrospectiva dedicada a Jean-Dominique Ingres, o grande artista clássico do século XIX, o rival do romântico Delacroix, o pintor que os impressionistas odiavam, o herói do academismo. Nutrido de uma outra cultura artística, Picasso não participa do debate que opõe na França, sobretudo em Paris, os defensores conservadores do academismo e os jovens audaciosos da vanguarda; está fora de todas as rodas, desde que buscou seu próprio caminho em La Coruña. Assim ele examina sem ideia preconcebida as 68 obras apresentadas, admirando a formidável qualidade de seu desenho e a mistura muito particular de gravidade e sensualidade. Para ele, que não se preocupa em ser de vanguarda a qualquer preço e que busca a verdade em pintura (como dizia Cézanne) mais do que o sucesso efêmero do escândalo, Ingres serve de contrapeso a Matisse. A pintura aventureira se arrisca a logo escorrer por água abaixo, e ele, Pablo Picasso, quer ser um clássico, mas um clássico do século XX. Não é num caminho intermediário entre Ingres e Matisse que haverá uma saída, e não é como herdeiro de um artista, qualquer que seja, que convém se apresentar, nem mesmo de um dos dois grandes pintores que, cada qual a sua maneira, foram inovadores: Cézanne e Gauguin.

Enquanto se esforçava por fazer o retrato de Gertrude Stein, ele não cessou de refletir, de olhar, de examinar a pintura e a escultura, de interrogar Ingres, Puvis de Chavannes (de quem, três anos antes, copiou afrescos no Panthéon), Gauguin, os gregos, os egípcios... A escultura o tentou, fez algumas tentativas, mostrando imediatamente uma grande habilidade. Deixou que nele se misturassem todas essas influências. Pintou alguns quadros, porém mais como exercícios do que no impulso de um grande projeto. Chega o verão e ele sente falta da Espanha, que quer mostrar a Fernande. Vollard, afastado desde que ele se lançara no azul, volta a procurá-lo, certamente atiçado por Apollinaire, e leva do Bateau-Lavoir umas vinte obras antigas. O que lhe dá, por um momento, meios de viver e de voltar de cabeça erguida a seu país.

Barcelona é agora o lugar de residência de sua família. Os pais não voltaram a Málaga, tampouco Lola, que noivou com Juan Vilato Gómez. Por mais que esteja enraizado há dois anos em Paris, Picasso tem saudade da Espanha, saudade mais alimentada do que mitigada pela comunidade catalã de Montmartre. Agora que está de posse de um pequeno pecúlio, o filho pródigo pode retornar entre os seus e apresentar Fernande aos pais, bastante indulgentes para não lhe reprovarem essa ligação não dissimulada (mas inútil fazer saber que a "noiva" já tem um marido). Depois irá a Gosol, onde o escultor Enric Casanovas, seu conselheiro em matéria de escultura em Paris, passa geralmente o verão.

Fernande e Pablo deixam o Bateau-Lavoir, acompanhados num táxi por Apollinaire e Max Jacob e carregados de duas pesadas malas, para tomar o trem noturno na Gare d'Orsay. A viagem dura cerca de 24 horas. Na chegada, Fernande, exausta, cai em pranto, perguntando-se o que veio fazer nesse país barulhento, agitado, excessivo. Mas, tendo repousado, fica feliz de ver-se admirada e mimada, assim como de rever a amiga Benedetta, agora esposa de Canals. Gargallo, os irmãos De Soto, Reventos, Utrillo continuam fiéis amigos de Picasso, e durante quinze dias o grupo está em festa. Quanto a Sabartés, ele partiu para se instalar na Guatemala.

Ir a Gosol significa, após descer do trem, subir os Pirineus em lombo de mula, o que, para a parisiense, é uma aventura assustadora, ainda mais que sua sela, mal presa, por pouco não a faz cair numa ravina. No albergue Cal Tampanada, mantido por um velho que foi contrabandista e que aceita posar para o pintor, eles passam um pouco mais de dois meses. Assim, novamente mergulhado numa natureza selvagem, grandiosa, Picasso reencontra o elã que conheceu em Horta, desenha, pinta, esculpe também. Gosol o ajuda a sair definitivamente da melancolia parisiense, da atmosfera deletéria da boêmia de Montmartre. Ei-lo mais maduro, mais forte, abandonando a pieguice literária que o dominou nos últimos anos e que o levou aos saltimbancos. Pinta vários quadros de dois adolescentes nus, num desenho clássico muito apurado, pinta retratos de Fernande igualmente, nos quais se elabora uma síntese de Ingres e de Gauguin. Doravante, como eles, como Cézanne também, como El Greco – ao qual retorna projetando um grande quadro que realizará em Paris, o retrato de um cego que vende flores – e como Matisse, de quem se quer o desafiante, Picasso se compromete a ser um pintor feliz, a pintar a vida triunfante, os corpos desabrochados. Quer ser o pintor da vontade de felicidade.

Gosol é o lugar de uma comunidade solidária, grave mas alegre, que canta e dança assim como trabalha, marcada por uma religiosidade dividida entre um paganismo ainda vigoroso e o cristianismo institucional. Esses montanheses, pastores, caçadores, contrabandistas são para Picasso companheiros cordiais, com os quais vive, como viveu em Horta, em inabalável fraternidade. A Virgem com o Menino que vela sobre a aldeia, uma bela escultura policromática do século XII, está ali como uma deusa tutelar perfeitamente serena, em sua dignidade hierática, em sua simplificação primitiva, em sua terna humanidade. Mas infelizmente ela nada pode contra a febre tifoide, doença que se manifesta em meados do mês de agosto em um morador e que assusta Picasso, homem de excelente saúde mas aterrorizado à ideia da menor doença, que pode já ser a sombra da morte. Esta é tanto mais inimiga conforme ele decide viver plenamente e tem muito a fazer em pintura. Ele precisa, e por muito tempo, de todas as suas forças. Assim, resolve na mesma hora voltar a Paris, atravessando os Pirineus para pegar o trem do outro lado da fronteira.

Nem pensar em passar por Barcelona: ele tem pressa de voltar a seu ateliê, de pintar o *Vendedor de flores cego*, de completar os retratos de Josep Fontdevilla, o estalajadeiro de Gosol, objeto também de um trabalho em cerâmica no ateliê de Paco Durrio, e de retomar o retrato de Gertrude Stein. No fundo, não tem mais necessidade de que ela pose para ele. É tamanha sua memória visual que ele a vê talvez ainda melhor do que em sua presença. O momento de uma pose, no qual se mostra um aspecto particular da pessoa segundo o humor do dia, pertence à anedota, e é disso que Picasso quer escapar. Não quer pintar a Gertrude Stein de um momento, mas

Gertrude Stein tal como a pintura a revela. E ele consegue. Não numa súbita improvisação, como tentou fazê-lo acreditar seu modelo, mas pensando e aplicando-se ainda mais à obra, enriquecido pela experiência de Gosol e pelo trabalho realizado sobre o rosto de Fontdevilla e na modelagem da argila. Uma vez terminado o retrato de Gertrude Stein, surge o problema que o pintor resolveu: como dar em pintura, a esse objeto particular que é uma cabeça, a presença da terceira dimensão? Como fazer de uma pintura algo tão forte quanto uma escultura? A dupla regra acadêmica da perspectiva e do claro-escuro, que são o objeto da profundidade do espaço, não permite chegar a isso, porque dá ao pintor apenas a arma do cálculo, quando ele precisa dispor de poderes mágicos. Gauguin, mais do que ninguém, revela a Picasso que ele possui, além dos dons extraordinários de desenhista, essa qualidade misteriosa que pode fazer dele, em pintura, um mágico. No Salão de Outono de 1906, a retrospectiva Gauguin mostra que o pintor, morto há três anos nas ilhas Marquesas, realizou na pintura uma revolução formal e ideológica tão importante quanto a que fez emergir, trinta anos antes, o impressionismo. A pintura não é mais uma questão de razão e de geometria, como foi desde o Renascimento. Tampouco é uma questão de simples emoção visual, como pregou o impressionismo. Ela é, como toda arte "primitiva", uma questão de magia. E o pintor Pablo Picasso é o mágico a quem a absorção de droga (o ópio consumido no Bateau-Lavoir) confere uma extralucidez que, para além das aparências, faz ver a essência da realidade.

Com o retrato de Gertrude Stein, Picasso, indo mais longe que Gauguin e sem recorrer ao exotismo das ilhas do Pacífico, dá ao século XX o primeiro quadro realmente, verdadeiramente moderno. E ele se impõe, ultrapassando Matisse, como aquele que abre a arte moderna a uma nova consciência da realidade. O próprio Picasso, em autorretrato, e depois Fernande, juntam-se a seguir a Gertrude Stein para fundar o que se afigura como uma nova concepção da figura humana. Mas não é o bastante. Picasso não é homem nem pintor de deter-se numa posição bem consolidada, nem de administrar suas descobertas como um patrimônio comercial. É a aventura que o interessa, o avanço no desconhecido, a busca do imprevisível, o escavar sem fim de uma verdade cujo conhecimento, por ele obtido na história da arte, assegura-lhe que ela só pode ser diversa e em constante movimento. Ele adquire então uma imensa tela, de uns dois metros e cinquenta de largura e quase o mesmo tanto de altura, e põe-se a trabalhar, fechando a porta de seu ateliê do Bateau-Lavoir a Fernande e aos amigos de passagem.

A revolução num bordel

Pablo Picasso, em outubro de 1906, tem 25 anos. Portanto, ainda é apenas um jovem pintor, mas raramente um pintor – com a idade de apenas um quarto de século – se impôs na pintura com um tal domínio, uma tal originalidade. Ele sabe que possui agora a mão de um mestre a serviço de um olhar dos mais pessoais e fora dos caminhos tradicionais da pintura. Trata-se já da maturidade de um artista que avança, certamente, com ambição, mas sem a insolência dos jovens revolucionários que, não respeitando os antepassados, querem, como dirão os ultraístas espanhóis, "cortar o cordão umbilical". Ele tem os olhos voltados aos predecessores, tanto os clássicos quanto os iniciadores de uma modernidade que ninguém ainda pode saber o que será, muito menos ele. Está longe de se tomar por um profeta e de pregar uma revolução, qualquer que seja. Não se preocupa em ser o Moisés da pintura do século XX, contrariamente a Cézanne, que declarava estar em busca de uma terra prometida e que morreu naquele mesmo outubro de 1906 sem ter encontrado onde se enraizar, a caminho até sua última obra e ainda no inacabamento, mais atarantado de questões do que confiante de certezas. Picasso não quer prestar contas senão a si mesmo; porque ele pinta apenas para si mesmo. Porque sua vida está aí e não noutra parte. Porque só pode se realizar aí. Assim como não escolheu um dia lançar-se na pintura, ele não tem plano de carreira. A cada quadro precisa repor em jogo o que adquiriu. Em sua mais total incerteza. Para viver uma aventura sempre recomeçada.

Ele teve muita dificuldade para terminar o quadro de Gertrude Stein, como também Cézanne, que, em outros tempos, após inúmeras sessões de pose, deixava o modelo perplexo e o quadro inacabado. Esse quadro, primeiro um fracasso e depois recuperado com brio, foi o sinal de uma crise salutar durante a qual se pôs em questão o papel do olhar e da representação do tema. Uma mesma regra comandou a pintura desde o Renascimento, ainda que segundo modalidades diferentes: o pintor deve reproduzir o mais exatamente possível o que ele observa. Embora preferindo a impressão à análise, os próprios impressionistas seguiram essa regra. Somente Cézanne e Gauguin romperam com a tradição, buscando menos fazer imagens do que recriar a realidade a seu modo para fazê-la caber no espaço restrito do quadro – nisso foram menos sensitivos e mais cerebrais do que todos os artistas de seu século. A hora não é mais de tentar fornecer imagens da realidade da melhor maneira, fazer da pintura o lugar dos reflexos do mundo, mas de instituir, nem que seja como reflexo da realidade do mundo, a própria realidade do quadro, a própria verdade da pintura. E para isso não basta ser um jovem virtuose.

Ao dar ao rosto de Gertrude Stein o aspecto de uma máscara, Picasso transgrediu a lei do realismo humanista que domina a história da arte desde o Renascimento. No entanto ele mostrou uma verdade da escritora mais profunda que a do tempo de pose, deixando entrever sua forte personalidade intelectual (e Gertrude haveria de se assemelhar cada vez mais a esse retrato). Curiosamente, isso só lhe foi possível ao afastar-se de seu modelo e ao mergulhar na natureza em Gosol, ao abrir os olhos para o mundo, a terra, o céu, ao encher seus olhos com toda a luz da Catalunha, ao viver cordialmente em meio a camponeses carregados de tradições arcaicas, “primitivos”, segundo os critérios das pessoas cultas de Barcelona ou de Paris. Ali pintou simplesmente a natureza. Ali pintou simplesmente o corpo de Fernande. Esta, na exaltação naturalista de Gosol, foi mais do que nunca sua musa erótica, a milhares de léguas da austeridade de Gertrude, tão pouco dotada do que se convencionou chamar de “graça feminina”. Assim, aos poucos foi se definindo, durante esse outono de 1906, um novo desafio: pintar mulheres não como ícones eróticos, como foi feito amplamente na história da pintura, mas pintar um quadro que, indo além das anedotas da pintura mundana ou do sentimentalismo romântico, oferecesse da mulher, das mulheres (e do que elas são para o homem no mais profundo de seu ser), uma imagem tão rica e densa como as que dominam as mitologias. Para tanto não basta se ater às aparências, é preciso reinventar a pintura, é preciso inventar uma pintura nova capaz de pôr em cena o teatro arcaico no qual se representam, ainda nesse início do século XX, as relações do homem e da mulher. De certo modo, trata-se menos de ser moderno que de ser arcaico e de encontrar a maneira de sê-lo, hoje, na arte.

Picasso não é teórico. Não conceitualiza um projeto que requer apenas realização. Nós é que tentamos, um século mais tarde, explicar assim o que foi seu procedimento. Ele tem uma dívida, como reconhecerá mais tarde, para com a arte ibérica anterior à ocupação romana, da qual algumas peças foram descobertas na Andaluzia no final do século XIX e apresentadas no Louvre em 1905. Ele teve também um contato com a arte da Oceania por intermédio de Paco Durrio, que se fez o continuador de Gauguin em Paris, e viu um bom número de obras deste para compreender o quanto o recurso do pintor das Marquesas às fontes da arte primitiva permitiu dar à pintura uma nova dinâmica. Não teria tido nenhum conhecimento da arte negra? Ou não suficientemente vivo para inspirar-se nela? Ele deu a entender que não, mas pode-se duvidar: seus dois novos amigos, que são, em setembro de 1906, André Derain e Henri Matisse, já se interessam pelo assunto há muito tempo. Sabem ver nessa arte (e isso é novo na época) algo mais do que objetos de curiosidade. Nela observam proposições artísticas que, embora opostas às da tradição europeia, nem por isso são menos válidas e poderiam ajudar a renovar uma cultura em busca de um novo alento.

Gertrude e Leo Stein insistiram no encontro de Picasso e Matisse, esses dois pintores cujas obras os apaixonam. Na primavera de 1906, levaram Matisse, acompanhado da filha Marguerite, ao Bateau-Lavoir, mas é somente no outono que os dois pintores voltam a se ver, na casa dos Stein, e se instaura entre eles uma cumplicidade amistosa. Doze anos mais velho que Picasso, Matisse já goza, na pequena Paris da vanguarda artística, de um prestígio que o mais novo não possui. Por trás da barba e dos óculos com aro de metal, é um homem sério, inteligente, bom argumentador, até mesmo teórico. Matisse está muito excitado nessa ocasião porque acaba de adquirir, numa loja da Rue de Rennes, uma escultura africana. Trouxe-a para mostrar aos amigos. É uma estátua do Congo, uma figura sentada, prestes a devorar uma fruta e cujos olhos são representados por duas pequenas conchas. Max Jacob conta uma outra história: com Apollinaire, Salmon e Picasso, ele vai jantar na casa de Matisse, e este lhes mostra uma estátua que fascina de tal modo Picasso que este a conserva nas mãos durante toda a noitada e, de volta a seu ateliê, inspira-se nela para uma série de desenhos que representam um rosto de mulher bizarramente estruturado.

Quanto a André Derain, ele tem quase a idade de Picasso e, como ele, é autodidata. Assim como seu amigo Matisse, passou do impressionismo ao fauvismo ao descobrir com entusiasmo a luz do Mediterrâneo e se interessa de perto pelas artes primitivas, sejam elas australiana, africana ou neozelandesa, como as que viu no British Museum de Londres. Preocupa-se também com o exemplo de Cézanne, cujas pegadas seguiu até o Estaque, onde este residia. Depois, após deixar sua Chatou natal, instalou-se em Montmartre, a dois passos do Bateau-Lavoir. Pôde conhecer Picasso por intermédio de Apollinaire. Desde então vizinhos, os dois se veem com frequência. Proprietário de uma máscara Fang, que adquiriu do pintor Vlaminck, o terceiro mosqueteiro do fauvismo, Derain certamente desempenha um papel importante na descoberta da arte negra pelo pintor que busca devolver à arte uma força primitiva...

O projeto toma forma aos poucos. Picasso, confiante em sua experiência e em sua reflexão, sente que é o momento de bater com força. Ele vai pintar um grande quadro, mulheres como nunca antes foram vistas em pintura. Ao mesmo tempo modernas e primitivas, selvagens e sofisticadas. Um grande quadro que repercutiria o admirável *Bain turc* [Banho turco] de Ingres, no qual se exibem eróticas mas convencionais odaliscas; que pegaria no contrapé a *Bonheur de vivre* [Felicidade de viver] de Matisse, de uma indolência demasiado elegíaca; que seria uma homenagem às grandes *Baigneuses* [Banhistas] de Cézanne, tão pouco realistas mas tão poderosas; que tomaria de Gauguin sua inspiração selvagem; que teria também a profundidade misteriosa que faz a magia das obras de arte primitivas. Será um grupo de mulheres nuas – mas onde vemos hoje mulheres nuas a não ser no bordel? Portanto, será uma cena de bordel. Mas não no gênero imitado do real, à maneira de Toulouse-Lautrec.

Ele compra então, como dissemos, uma enorme tela e se encerra no ateliê. Desenha, faz inúmeros esboços. Assim aparecem mulheres sentadas ou de pé, em posturas de moças que exibem seus encantos para eventuais clientes, como se eles estivessem no lugar de quem olha o quadro. Assim surgem e depois se apagam personagens masculinos, rapazes sonhadores ou marinheiros embriagados. Assim, numa incessante metamorfose, transformam-se rostos mais ou menos fantásticos, aqui hieráticos, ali grotescos, de traços simplificados ou fragmentados: num quadro, um olho, um nariz não têm necessidade de serem parecidos; basta-lhes serem figurados por sinais. Dezesseis cadernos de croquis e um monte de telas testemunham o ardor de seu trabalho, o tateio de sua pesquisa. A aventura se estende por vários meses, os últimos de 1906 e uma boa parte do ano de 1907, durante os quais ele pinta, obviamente, ele que é tão prolixo, outros quadros. Na primavera, tem a ocasião de adquirir duas estatuetas de arte ibérica e, sem dúvida na mesma época, uma obra de arte da Oceania.

Isso poderia chamar-se, pensa o pintor, *As prendas do pecado*. Ou quem sabe *O bordel filosófico*, ou, mais simplesmente, *O bordel de Avignon*, para jogar com o nome da cidade da Provença que evoca, sem que pareça, uma rua dita *d'Avinyo*, em Barcelona, onde Picasso teve muitas possibilidades de observar algumas senhoritas despidas e provocantes. Mas ele não se preocupa em dar um nome a seus quadros. Mais tarde, bem mais tarde, quando pela primeira vez o quadro for exposto, em 1920, o nome será *Les Demoiselles d'Avignon*, a obra sem dúvida mais surpreendente e mais célebre do século XX, assim batizada por André Salmon a fim de não chocar os censores. O importante, sobretudo, é que esse quadro, que em nada se assemelha ao que antes foi pintado, traz uma solução nova ao "problema da expressão dinâmica dos volumes", como escreve Pierre Daix, o qual esclarece que Picasso retomou os "ritmos construtivos" de Cézanne, mas os "recortou, como talhados a golpes de machado, por um desenho nutrido das rudes simplificações expressivas do primitivismo ibérico, depois lançado a paroxismos de deformações brutais". Existe aí uma evidente, brutal revolução plástica, e toda a arte do século XX será sacudida por ela, mas uma interpretação unicamente formalista desse quadro histórico faria ignorar seu tema: moças de prostíbulo insolentemente representadas em glória, "formidáveis, categóricas, flamejantes [...], usufruídas, atravessadas, penduradas, esfoladas, que saúdam e são saudadas, que posam, apreendidas por um profissional da coisa", escreve Philippe Sollers em *Picasso le héros*. Para John Berger, autor de uma das raras análises da obra de Picasso que não é nem hagiográfica nem grosseiramente polêmica, é também por seu tema, e não somente "pela maneira de pintá-lo", que *Les Demoiselles* é uma obra capaz de chocar no momento em que é pintada: "Em si, um bordel não é necessariamente chocante. Mas mulheres pintadas sem charme nem tristeza, sem ironia nem crítica social, pintadas como as estacas de uma paliçada através da qual os olhos miram como se fixassem a morte – eis aí o que é chocante". Jean-Louis Ferrier é ainda mais enfático:

...com seus narigões, seus braços de obus, seus enormes pés, elas nos entram na carne como uma blenorragia, as angulosas galinhas![1]*

Quando chega o verão, as primeiras testemunhas são autorizadas a entrar no ateliê para ver a obra que tanto preocupou o pintor, a ponto de, mais de uma vez, ele abandonar os amigos durante uma noitada para voltar ao trabalho. Apollinaire, Salmon, Derain, Vollard, Gertrude e Leo Stein ficam estupefatos. Matisse sacode os ombros e estende-se em maledicências sobre aquele que foi visto como seu principal rival, mas de quem proclama a derrota. O crítico Félix Fénéon, levado por Apollinaire, aconselha abertamente Picasso a dedicar-se à caricatura. O colecionador Wilhelm Uhde, que há algum tempo frequenta Montmartre, seus artistas e lugares noturnos, tem a honra de ser chamado pelo pintor para julgar essa obra que tanto desconcerta. Esse alemão, que se instalou em Paris em 1902 e diz entender de arte e de literatura, é um freguês do Dôme, em Montparnasse, e vai de vez em quando à loja do Père Soulié ver o que este desencavou nos ateliês de Montmartre. Foi ele que adquiriu, em 1905, *Le Tub* [O banho de bacia], uma tela bastante mal pintada em 1901 por Picasso, que ele veio a conhecer em seguida no Lapin Agile. Uhde fica perplexo diante de uma pintura tão estranha, agressiva, provocadora, na qual reconhece um ar "assírio", e bastante intrigado para sugerir ao novo *marchand* Daniel-Henry Kahnweiler que vá até o Bateau-Lavoir ver o que ali se trama.

Faz apenas alguns meses que esse jovem alemão (ele tem três anos menos que Picasso) abriu uma galeria, na Rue Vignon, e logo adquiriu telas dos *fauves*. O nome de Picasso não lhe é desconhecido, pois já viu desenhos dele na loja de Clovis Sagot, e é bastante curioso, em busca de pintores a defender e de obras a vender, para seguir o conselho de Uhde. Assim, uma manhã ele bate à porta de um ateliê onde o recebe um pintor quase nu, que vive aparentemente numa

---

* As notas bibliográficas estão agrupadas no final do volume, à p. 213. (N.E.)

grande pobreza e que, alguns dias antes, passou para ver os quadros pendurados em sua galeria. Ao contrário de seus predecessores, Kahnweiler tem certeza de estar diante de uma obra ao mesmo tempo louca e monstruosa, emocionante e admirável. Pelo menos é o que contará sessenta anos mais tarde a Pierre Cabanne. Ele teria adquirido o quadro, mas seu autor não quis cedê-lo, afirmando que não estava terminado. Isso não é falso, pois Picasso se interroga sobre essa obra que, embora solidamente construída, não parece homogênea: as três mulheres da esquerda e as duas da direita não são tratadas no mesmo estilo, as primeiras são mais ibéricas, as segundas, mais africanas. Kahnweiler terá de se contentar com algumas obras menores, aproveitando o afastamento de Vollard, que tem saudade do tempo dos saltimbancos.

Muito ocupado com suas *demoiselles*, Picasso negligenciou um pouco Fernande. Não deixou que ela partilhasse sua aventura; aliás, como ela poderia ter compreendido o salto que ele dava em pintura? (Curiosamente, no livro *Picasso et ses amis* que escreverá mais tarde, falando dessa época, ela não fará nenhuma alusão a esse quadro histórico.) O fogo da paixão arrefeceu: Fernande não se sente mais tão amada. Embora saiba cultivar a arte da ociosidade, ela se aborrece. Suas rivais ocuparam muito espaço e Pablo, com quem não é fácil viver por se preocupar muito consigo mesmo e com sua obra, não lhe dedica mais as mesmas atenções. Desafiando a autoridade do mestre, ela chega mesmo a retomar um pouco da antiga atividade de modelo, posando para o pintor holandês Kees Van Dongen, um outro locatário do Bateau-Lavoir. História, talvez, para excitar o ciúme do companheiro. O que lhe seria preciso, o que seria preciso ao casal, ela pensa (e Pablo, sempre comovido pelas maternidades, não é contra), é um filho. Mas Fernande não pode ter filhos. Pelo menos um filho engendrado por ela mesma. Assim, em abril de 1907, ela vai buscar num orfanato vizinho uma menina de uns dez anos, Raymonde, que traz para o Bateau-Lavoir. Pablo desenha um pouco a recém-chegada, mas ela não encontra seu lugar junto a um casal que vive contrariado e, dois meses mais tarde, Max Jacob é encarregado de levá-la de volta à instituição de onde momentaneamente a tiraram!

Já que a pintura lhe deixa pouco espaço e já que Pablo lhe declarou que está "farto", como ela escreve a Gertrude Stein, Fernande resolve mudar-se para um alojamento próprio, mas muito próximo. Isso foi possível graças a Vollard, que passou pelo ateliê onde comprou todo um lote de obras anteriores à aventura das *Demoiselles*. Fernande retoma assim a independência e ganha algum dinheiro dando aulas de francês à caríssima amiga de Gertrude Stein, Alice Toklas. Nem por isso abandona realmente o amante, que parece pouco afetado por essa relativa separação, pois os dois ainda vão jantar juntos na casa dos Stein. Alguns meses mais tarde, ela voltará ao Bateau-Lavoir.

Picasso é um homem só. Só com sua pintura, ele é um solitário sempre, ele que nunca teve, desde muito jovem, o espírito de corpo, que nunca aderiu a grupo algum, como tampouco a alguma teoria artística. Tem amigos, por certo, e é bom passar horas com eles a folgar e a discutir na casa de um ou de outro, ou em alguns dos lugares onde se animam as noites de Montmartre; mas como não se sentir longe deles, quando não conseguem compreender o que ele está tentando impor à história da pintura? Suas *Demoiselles* incompreendidas, ele não as deixará sair do ateliê antes de uns dez anos, e mesmo assim só para uma breve escapada. Mas o que podem dizer dele e de sua pintura não o faz voltar atrás. Continua no mesmo pique e pouco importa que alguns lhe digam que está ficando louco! Continua a trabalhar, a explorar, a estudar, a experimentar, talhando até mesmo na madeira, como fez Gauguin, algumas esculturas que alguns poderiam crer oriundas de uma tribo primitiva. Não há melhor meio para compreender mais de perto de que são feitas a arte negra e a arte da Oceania.

No outono, um outro pintor, Georges Braque, um vizinho de Montmartre, mas que só conhece Picasso há pouco tempo, passa no ateliê. Ele retorna do Estaque, onde Cézanne ia pintar, à beira do Mediterrâneo. Obcecado pelo pintor de Aix, cuja importância foi mostrada numa retrospectiva do Salão de Outono, ele aprecia a maneira como Picasso soube aproveitar a lição de Cézanne no que se refere à inscrição dos volumes no espaço. Em troca, o que há de selvageria no tratamento dos rostos o repugna, e ele se opõe decididamente, na linha do rigor cézanniano, a essas *Demoiselles* cuja força não lhe escapou, mas que lhe parecem avançar num mau caminho.

A extravagância não causa mais escândalo em Montmartre. Em Montparnasse também não. Não importa o que pensem da pintura de Picasso, ele continua sendo um personagem fascinante, que se impõe por sua atitude naturalmente soberana. É visto na casa de Max Jacob, que reúne os amigos uma vez por semana na peça escura onde vive, na Rue Ravignan, e na casa de Apollinaire, que também tem seu dia e lhe é devedor por tê-lo feito conhecer Marie Laurencin. Pablo, ao encontrar essa jovem pintora na casa de Clovis Sagot, desde o início a destinou, com uma justa intuição, ao amigo poeta. Ele recebe também em casa, com Fernande novamente instalada no ateliê, seus amigos em noitadas cordiais, onde sucede de fumarem cachimbos de ópio, pelo menos até que um dos artistas do Bateau-Lavoir, o alemão Wiegels, desorientado por um abuso de drogas conjugadas, se enforca, dando com seu triste exemplo uma boa razão para acabar com essa prática.

Picasso também não deixa de atravessar o Sena para visitar, embora com menos frequência, os Stein, ou para ir com Apollinaire e Salmon à Closerie des Lilas, um parque onde se encontram os poetas já um pouco anacrônicos de *Vers et Prose*. Sobretudo continua a pintar, na grande pista aberta pelas *Demoiselles*, quadros nos quais se conjugam, em tons dominantes de ocre e de argila, uma inspiração selvagem e o cuidado de uma construção rigorosa. Outras figuras imaginárias, como ídolos de um culto desconhecido, impõem-se no Bateau-Lavoir. Não menos audaciosas são as naturezas-mortas que ele pinta na esteira de Cézanne. "Cezannismo" e "primitivismo", como dirão mais tarde os historiadores da arte, são assim aproximados num diálogo fundador de uma nova modernidade. Picasso, que ainda se recusa a participar de qualquer Salão, pode sorrir ao ver, no Salão dos Independentes de 1908, as obras de Derain e de Braque: menos violentas que as suas, elas revelam, porém, uma interrogação idêntica, uma mesma vontade de retomar pela base todo o problema da figuração em pintura.

Ele está satisfeito com o rumo que seu trabalho tomou. Agora rompeu realmente com a arte antiga tal como era ainda praticada pelos realistas, pelos impressionistas, pelos simbolistas. Não lhe importa mais pintar quadros bonitos. Sabe que nunca mais buscará agradar e que será o único a julgar a legitimidade do que pinta. Menos tenso que no ano anterior, tendo retomado com Fernande uma vida a dois agradável, vai pintar no campo, no Oise, em La Rue-des-Bois. Ali, pintando paisagens ou uma camponesa, nem por isso é bucólico nem retorna aos doces devaneios do impressionismo da Île-de--France. O motivo e o tema não lhe causam tanta emoção quanto são para ele pretextos para pintar, para continuar avançando no caminho que abriu. Mas está mais preocupado em construir o quadro, em elaborar ainda melhor as relações de volume e espaço (isto é, a figuração da terceira dimensão no plano do quadro), do que em deixar surgir o que pode haver de selvagem nele. Cézanne toma a dianteira sobre a arte primitiva, e Picasso tem então uma visão cézanniana da arte primitiva, que ele estuda mais por seus procedimentos de figuração do que pelo sentido das profundezas mitológicas e sua utilização mágica. Seu olhar sobre as estátuas africanas ou oceânicas, sem esquecer as egípcias que viu no Louvre, é artístico, e não etnográfico. Considerar como arte (a exemplo de Matisse, Vlaminck, Derain, que ele incita a ir ver a coleção de arte primitiva do museu do Trocadéro) os objetos vindos de tribos arcaicas é tido como uma atitude revolucionária.

Entra um pouco de dinheiro graças a Kahnweiler, logo acompanhado pelo russo Serguei Chtchukin, um negociante de tecidos que constitui em Moscou uma espantosa e abundante coleção de arte moderna, na qual Matisse já é bem representado. Assim Picasso pode alugar um outro ateliê, ainda pequeno, é verdade, na Rue Cortot, e ali retirar-se para trabalhar. Para o grande prejuízo de Fernande, que novamente constata que a pintura é a mais perigosa das rivais. Entediada, ela se distrai de vez em quando com alguma infidelidade.

Kahnweiler tem um outro protegido, Georges Braque, que, retomando igualmente a herança de Cézanne, expõe na galeria da Rue Vignon, em novembro de 1908, um conjunto de obras para as quais Apollinaire escreve um texto de apresentação. O rival, embora amigo, não é mais Matisse, que se situa longe de Cézanne; é Braque, que cultiva, num desenho muito simplificado e numa harmonia suave, uma geometria que não se atém às regras da perspectiva, mas faz bascular (e isso é cézanniano) os planos uns sobre os outros. Picasso e Braque, portanto, têm exatamente a mesma preocupação, mas é Braque que aparece em cena. É a propósito de sua pintura que alguém fala pela primeira vez (é Max Jacob, Henri Matisse ou o crítico Louis Vauxcelles?) de "cubos" e que o crítico Charles Morice, pouco tempo atrás defensor de Picasso, escreve o termo *cubismo*, em 16 de maio de 1909, em sua resenha do Salão dos Independentes.

Menos estritamente cézanniano que Braque (não é ele que faria uma peregrinação ao Estaque), Picasso não está disposto a se deixar reduzir por uma teoria que justifique uma prática única. É o que demonstra com galhardia, em novembro de 1908. Ao organizar, em seu ateliê do Bateau--Lavoir, uma festa em honra do *douanier* Rousseau, ele prova que não está ainda maduro para colher os louros das instituições artísticas e que o mau espírito que o levou a pintar *Les Demoiselles d'Avignon* não o abandonou. Pois essa homenagem ao grande pintor *naïf* não é a manifestação irônica que alguns supuseram. Ela é de fato, da parte do menos convencional dos jovens pintores da época, um testemunho de admiração por um grande artista que elaborou uma obra das mais originais fora dos caminhos batidos e que é visto então, no pequeno meio artístico onde suas obras fazem sorrir, como um gentil selvagem.

Essa noitada, que mais tarde aparecerá como um acontecimento histórico geralmente denominado "banquete Rousseau", foi decidida por Picasso pouco depois de conhecer o pintor, por intermédio de Guillaume Apollinaire. Trata-se, para ele, de honrar um artista cuja originalidade e importância mereceriam ser mais reconhecidas e de quem acaba de adquirir, por uma quantia módica e num antiquário, um grande quadro, *Portrait de Mademoiselle M.* [Retrato da senhorita M.]. Nele se vê uma mulher alta e forte, representada de pé, usando um vestido preto de gola larga e um cinto azul, segurando à mão, como uma bengala, um ramo cujas folhas não lhe permitem certamente usar como apoio. O desenho é inábil, a silhueta, desproporcionada, a atitude do modelo, dura, mas o conjunto tem um encanto que é evidente para Picasso e que as gerações seguintes saberão admirar. Rousseau, que Apollinaire conheceu por meio de Alfred Jarry (o criador do *Ubu-Rei* era, como Rousseau, originário de Laval, porém mais conscientemente provocador), organiza ele também, no alojamento miserável que ocupa em Montparnasse, saraus espantosos, com programa teatral e musical, e tendo por convidados pessoas do bairro; assim, é preciso também encenar seus saraus, do que se ocupam Picasso e alguns de seus amigos. Uma cadeira sobre uma caixa, diante de um cenário de bandeiras e lampiões, será o trono do herói do dia. Folhagens são dispostas nas colunas e vigas do ateliê. Uma bandeirola proclama: "Honra a Rousseau!". Uma grande tábua colocada sobre cavaletes serve de mesa. Cadeiras, pratos e talheres foram emprestados pelo restaurante Les

Enfants de la Butte, frequentado pelo grupo do Bateau-Lavoir. Mas, conta Fernande Olivier (*Picasso et ses amis*), a comida encomendada no Félix Potin não foi entregue e foi preciso percorrer o bairro para encontrar os complementos de mesa ao arroz à valenciana que ela preparou. Bebida não falta, e é tal a excitação que os aperitivos generosamente oferecidos logo fazem efeito. Em particular sobre Marie Laurencin, que delira amavelmente, cai por cima das tortas, suja a roupa de todo mundo e precisa ser reconduzida a seu domicílio, isto é, a casa de sua mãe. Quanto a André Salmon, logo terá de se encerrar num ateliê vizinho porque o vinho lhe faz mal. Ramon Pichot, Max Jacob, André Derain, Georges Braque, Gertrude e Leo Stein, o crítico Maurice Raynal e alguns outros também comparecem à festa. Enfim, conduzido por Apollinaire, Henri Rousseau faz sua entrada, frágil velho em breve septuagenário, que trouxe um violino e se instalou alegremente no trono, onde receberá, mas sem perturbar-se com isso, gotas de cera derretidas que pingam de um lampião. A noitada prossegue sem outros incidentes. Rousseau interpreta ao violino uma valsa que compôs e canta uma canção de sua autoria, cujas palavras fazem o público morrer de rir: "Ai, ai, ai, como me doem os dentes!". Apollinaire recita um poema fantasista escrito às pressas para celebrar o velho pintor, e todos se põem a dançar ao som do acordeão de Braque. Mas Rousseau se embriaga. É tempo então de levá-lo de volta para casa, do que se encarregam os Stein, enquanto a festa continua a fazer balançar o Bateau-Lavoir. É que há comida e bebida de sobra, e a algazarra atraiu muitos vizinhos.

Nesse inverno de 1908-1909, Braque e Picasso se veem quase diariamente, como vizinhos amistosos e pintores que partilham uma mesma preocupação. Falam-se muito, comparam suas experiências, mostram mutuamente seus trabalhos em andamento. Juntos, com Derain, que também lhes é próximo, eles constroem o cubismo. Mas sem fazer disso uma teoria, sem reivindicar o rótulo, sem transformá-lo em bandeira. O cubismo, porém, já está aí, como escreve Pierre Cabanne, porque com ele, com Braque e Picasso nesse momento, "a arte pictórica se adianta na apreensão do real; sua visão não parte mais da realidade, e sim chega a ela, mas é uma realidade mais concebida do que vista". O que o fauvismo fez na cor, isto é, na aparência da realidade, o cubismo faz na forma, isto é, na própria estrutura da realidade, substituindo-a por uma outra realidade, a do quadro que busca menos ser uma imagem do real, ainda que deformada, do que uma realidade plástica autônoma.

É espantoso ver como esses dois homens tão diferentes entre si, um marcadamente andaluz e o outro marcadamente normando, são cúmplices, e como suas obras acabam por se assemelhar. Calmo, meditativo, metódico, Braque faz seu trabalho com determinação. É um combatente que pratica o boxe, mas não perde as estribeiras, prepara tranquilamente os golpes. Já Picasso tem um humor mais oscilante, ora sombrio e fechado, ora exaltado, capaz de lampejos de cólera, de violência súbita, saindo à noite em Montmartre armado de um revólver para afugentar os importunos. Não surpreende, pois, que durante o verão de 1909 eles partam em direções opostas. Enquanto Braque, fiel às luzes da Île-de-France e da Normandia, vai pintar em La Roche-Guyon, Picasso sente a necessidade de reencontrar o brilho, o calor, a rudeza, a força da Espanha. Retorna àquele lugar montanhoso onde, cerca de dez anos antes, esteve com seu amigo Pallarés. Deste, ao passar por Barcelona, faz o retrato, sem carregar demais em sua nova maneira cubista, mas mesmo assim com uma geometrização do desenho que surpreende o modelo. Os que têm apenas esse quadro para ver onde se encontra o surpreendente Pablo que partiu há pouco para pintar em Paris só podem ficar perplexos: José Ruiz y Blasco fica chocado ao constatar por qual caminho o filho se lançou, pensando na carreira que poderia ter feito na Espanha como um mestre da pintura religiosa e um retratista de renome!

Fernande o acompanha, e Maria Picasso não compreende que os dois amantes continuem não casados como na temporada precedente. Ela sabe que é inútil fazer censuras a Pablo, tanto mais que está contente por tê-lo junto dela alguns dias, numa temporada que se prolonga por uma doença de Fernande. Picasso não tem vontade de se demorar em Barcelona, apesar dos amigos, apesar da família. Aqui há distrações demais. Tem pressa de mergulhar de novo na grande natureza catalã e de poder entregar-se à pintura. Podia ir a Madri e Toledo, rever o Prado e os Greco, mas não pode deixar Fernande sozinha. Os problemas de saúde o inquietam sempre, o angustiam mesmo, aguçam seu temor da morte; ele tem muito medo de perder a vitalidade, a capacidade de trabalho. Finalmente eles podem partir, subir a montanha, instalar-se no Hostal del Trompet, em Horta, onde Pablo reencontra sua alegria, a cordialidade da comunidade aldeã, a felicidade de pintar. Pelo menos até que algumas megeras católicas venham atirar pedras em sua janela, após ficarem sabendo que eles não são casados. Pablo as afugenta, ameaçando-as com o revólver que levou por precaução. O rigor moral se atenua à medida que o casal de viajantes não regateia com as pesetas...

Picasso pinta Fernande, como o fez em Gosol, e ela se torna cubista, maciça, escultural, toda volume e sem floreios, caricatural, segundo os critérios da boa representação. Ele pinta paisagens, naturezas-mortas também. Sobretudo a aldeia, as casas em sua sóbria arquitetura, comprimidas umas contra as outras, cubos sobre o fundo da montanha Santa Bárbara. Ali Picasso não trapaceia, não deforma. Vejam bem, poderá dizer de volta a Paris, mostrando fotos que ele mesmo tirou em Horta: vejam como a aldeia, como a natureza, em seus ocres, seus castanhos e seu pouco verde, são geométricas; vejam, se quiserem, como o cubismo é realista... Porque somente ele pode pintar desse jeito, jogar com as facetas, multiplicar os planos. Mesmo Cézanne, que modulava a forma pela cor, e não pelo desenho, não teria pintado assim.

Enquanto isso, em La Roche-Guyon, Braque talha igualmente sua pintura em facetas, mas com suavidade mais perceptível que seu amigo. Questão de país, de luz também, e não por acaso eles foram pintar tão longe um do outro. Mesmo assim ambos embarcaram, é evidente, numa mesma aventura. E são bastante bons amigos para que Pablo decida achar uma companheira para Georges, como fez para Guillaume. Claro que ele precisa de uma mulher menos caprichosa, mais racional, mais sólida do que Marie Laurencin. O casamenteiro resolve levar o amigo a um cabaré de Montmartre, cujo dono tem uma filha encantadora. Alugam ternos para a circunstância e conversam com cerimônia com o pai e sua filha, em presença de Max Jacob, que é primo do dono, o qual serve bebidas generosamente. Como a conversa se estende um pouco demais, os dois artistas se embriagam e deixam sua verdadeira natureza aparecer, comportando-se como bêbados finalmente obrigados a se retirar sem glória. Mas Pablo não é homem de desistir; ele tem uma outra ideia, melhor, pois apresenta Georges a uma certa Marcelle, que será, após alguns anos de ligação, a sra. Braque.

Picasso, embora não faça exposição pessoal, tem seus apreciadores, como os grandes colecionadores russos Serguei Chtchukin e Ivan Morosov, comprassem no ateliê ou passassem por Kahnweiler. Assim ele pode pensar em se instalar mais confortavelmente e oferecer a Fernande um bem-estar que ela ainda não conhecia. No outono de 1909, eles deixam o Bateau-Lavoir, lugar histórico da boêmia montmartrina, e vão para o Boulevard de Clichy, com a cachorra Frika e três gatas siamesas. Não é muito distante, mas já é mudar de bairro, passar ao Pigalle, aburguesar-se num belo edifício de pedra. O pintor dispõe agora de um grande ateliê, com luz do norte e vista para o Sacré-Coeur, e sua companheira, de um verdadeiro apartamento que dá para a bonita e calma Avenue Frochot. O pouco que levam do Bateau-Lavoir não é suficiente para encher a casa, e Pablo se diverte adquirindo os mais diversos móveis de segunda mão, achados em lojas do bairro. Ele não deixa, porém, que Fernande instale uma decoração muito burguesa, mesmo se, orgulhosa, ela faz algumas compras e, cúmulo do luxo que Gertrude Stein vai escarnecer, contrata uma empregada. Ela também tem seu "dia", o domingo, para receber os amigos como digna dona de casa.

Picasso, que nunca tomou a miséria da vida boêmia como um privilégio, alegra-se de ver seu trabalho e seu talento recompensados. Só vê vantagens em sair do aperto. A vida mais agradável não deve, porém, bloquear sua progressão em pintura nesse ateliê onde acolhe de bom grado a cachorra, as gatas e, durante um certo tempo, até mesmo uma macaca, mas onde Fernande não tem o direito de entrar a não ser a convite do mestre. Quanto a *Les Demoiselles d'Avignon*, não ganharam um lugar de honra: tela enrolada, elas permanecem escondidas.

Picasso e Braque, na verdade, pouco se importam com o cubismo. Não buscam fundar uma escola nem formar discípulos. Ocupam-se de sua obra, de seu trabalho, sem impor um estilo a quem quer que seja. Que cada um, como eles, trace seu caminho, esse é o único credo. De uma maneira idêntica, decompõem e recompõem em seus quadros a realidade, seja uma paisagem, um personagem ou uma natureza-morta, numa disposição de facetas que faz girar, num equilíbrio inédito, os planos uns em direção aos outros. Preocupados com essa nova maneira de tratar a figuração, economizam a cor, tendem a uma mistura de vários tons de cinza, que alguns criticam por sua austeridade, mas onde Michel Leiris percebe, escreverá, "passarelas cinzas e beges sincopadas como *ragtimes* para trupes de *girls* inglesas" (*La Règle du jeu*[2]). No entanto eles divergem na maneira de avançar, Braque atendo-se à linha da pesquisa pós-cézanniana, Picasso, mais aventuroso, experimentador, mudando de vez em quando de estilo, de aventura, capaz de produzir, entre duas telas cubistas, uma obra com desenho rigorosamente clássico. Ele pinta um retrato de Ambroise Vollard, outro de Wilhelm Uhde, nos quais leva ao extremo seu "cubismo", fazendo do espaço uma espécie de matéria compacta na qual seus modelos parecem ao mesmo tempo fundidos e cristalizados.

Sim, ele retoma o trabalho a partir do modelo, a mil léguas do retrato que executou há pouco de Gertrude Stein, mas sentindo a mesma dificuldade de se envolver nesse jogo de pose. O modelo segundo o qual pinta a *Jeune fille à la mandoline* [Moça com bandolim] sente que ele está incomodado; ela mesma fica pouco à vontade, diz estar doente numa mensagem diplomática e não mais retorna ao ateliê. O pintor interrompe o quadro. Inacabado? Certamente não, como tampouco o são alguns retratos de Cézanne. Pois não teria podido continuá-lo na ausência do modelo, como já mostrou que sabe fazer? Ou será que o modelo não se impõe o bastante para que ele o pinte em sua ausência? O principal é que não existe aí, nesse momento, uma questão sobre a qual valha a pena reter-se. A pintura o pressiona. Muitas coisas o solicitam nesse momento em que o cubismo torna-se influente sobre os jovens pintores que vão avaliá-lo na galeria de Kahnweiler, seu representante permanente. Ali, eles examinam mais ou menos atentamente os quadros de Braque e de Picasso. Se alguns não se interessam, outros, de volta a seu ateliê, põem-se também a desestruturar e a reestruturar a imagem. Alguns mesmo, que vão expor em grupo no próximo Salão dos Independentes, já fazem do cubismo uma religião, fundada numa frase apócrifa de Cézanne que institui a geometria como base da representação pictórica, quando os últimos anos de sua obra, no apogeu, mostram que em realidade ele tomava uma direção oposta, diluindo as formas no espaço.

Retorna o verão. Os dois pintores, tão próximos em pintura e em amizade, separam-se novamente. Braque volta ao Estaque, terra de Cézanne. Picasso volta a se banhar na Espanha, mas não em Horta, não na montanha, dessa vez.

Mais perto de Barcelona, instala-se com Fernande à beira-mar, em Cadaqués, vizinho de Ramon Pichot e de Derain, que ele arrastou até lá. Não por causa de um exercício comum da pintura, pois Derain logo se afastou da linha traçada por Braque e Picasso, mas por amizade. Eles se entendem bem, suas companheiras igualmente, e é época de férias... Pablo trabalha numa série de águas-fortes destinadas a ilustrar um livro de Max Jacob, *Saint Matorel*, que Kahnweiler deve publicar. Pinta também algumas naturezas-mortas nas quais o motivo tende a desaparecer. Estaria sua pintura tornando-se abstrata, como dirão em seguida, como está em via de surgir sob os pincéis de Wassili Kandinsky? Não. Ele continua apegado ao tema e é ainda ao problema da representação que se confronta, com uma intuição: não há uma solução definitiva, não há método indiscutível. Não se trata de oferecer à história da pintura uma revolução tão importante como foi a da perspectiva, imposta pelo Renascimento. É preciso pintar, isto é, pôr nos quadros sua própria experiência da vida, sua própria visão do mundo, sua própria prática da pintura.

Sempre pouco desejoso de encerrar-se num gênero, Picasso aceita com prontidão o desafio que lhe propõe, por intermédio de um de seus amigos, um americano rico: uma decoração monumental de sua biblioteca. Nela trabalha com a seriedade que lhe é natural, mas logo percebe que toda imposição é insuportável e que é melhor não atender tais encomendas. Um outro sinal de interesse lhe vem dos Estados Unidos, onde o fotógrafo Alfred Stieglitz, editor da revista de vanguarda *Camera Work* e animador da Galeria 291, que foi vê-lo no Boulevard de Clichy, expõe no verão de 1911 uma série de seus desenhos e aquarelas. Nesse momento, Picasso está novamente na Catalunha, mas do lado francês. Em Céret, um burgo dos Pirineus orientais mais rico e sorridente que Horta, Manolo instalou-se dois anos antes. Ali o escultor acolhe um outro personagem singular, franco-americano, herdeiro de uma grande família de fabricantes de porcelana de Limoges, apreciador de arte e colecionador de arte negra: Frank Burty Haviland. Pablo chegou sozinho em julho. Em agosto, Fernande junta-se a ele, assim como Braque e sua companheira Marcelle, e esse pequeno grupo de artistas, com suas roupas, risos e discussões agitadas, põe uma nova animação num lugarejo que, longe de ser sonolento, é um foco de cultura catalã. Céret torna-se o ponto de encontro do cubismo e da sardana*.

Essas férias são felizes e, quando se sente bem, Picasso trabalha bem. Ele brinca com Braque. Menos unidos numa pesquisa comum (Braque falará de uma "cordada" [escaladores ligados por uma corda]), eles rivalizam, dialogam por quadros interpostos, tomam temas um do outro, buscam novas aberturas. Letras de imprensa aparecem em seus quadros, assim como outros signos. O cubismo, ao menos para Picasso, inconstante demais para se enquadrar no que quer que seja, é um jogo em que tudo é possível. Mas a leitura de um jornal, no começo de setembro, interrompe esse bem-estar catalão: a *Gioconda* foi roubada, no Louvre! A notícia tem sua importância, claro, mas não o tocaria tão vivamente se o artigo não contasse que alguém devolveu ao redator-chefe do *Paris-Journal* uma pequena escultura ibérica, anteriormente roubada do mesmo museu, a fim de mostrar como é fácil apoderar-se de alguns tesouros. Ora, Picasso, que já há algum tempo comprou duas estatuetas do mesmo estilo de um certo Géry-Piéret, um conhecido de Apollinaire, interroga-se: teriam elas a mesma proveniência? Melhor voltar a Paris e discutir o caso com seu amigo, também muito inquieto, pois teve em mãos a escultura roubada e restituída e, portanto, teme ser acusado de receptador. Além do mais, eis que agora Géry-Piéret, da Bélgica onde julgou prudente refugiar-se, gaba-se de ter ele mesmo surrupiado o célebre quadro de Leonardo da Vinci! A polícia, que tem antenas, vai à casa de Apollinaire, faz buscas, não encontra nada, mas o

* Dança de roda catalã, acompanhada de flauta e tamboril pelos próprios dançarinos. (N.T.)

detém. Esse homem (um estrangeiro!) é certamente o chefe do bando. E Picasso (um outro estrangeiro!) é seu cúmplice... Ele não é detido, mas o juiz de instrução o faz comparecer à sua sala para interrogá-lo junto com o poeta suspeito. Os dois se mostram tão confusos e desastrados que o juiz não tem como alimentar seu dossiê com essa dupla lamentável. Alguns dias mais tarde, Apollinaire é solto. Mas Picasso, homem mais sensível do que se poderia supor, vive muito mal suas peripécias rocambolescas e adoece!

No Salão de Outono, o cubismo mostra-se conquistador. De maneira ainda mais espetacular do que foi sua participação nos Independentes. Desse espetáculo, Braque e Picasso mantêm-se distantes. Eles preferem ir ao circo Médrano, assistir a lutas de boxe ou passar a noite no Ermitage, um café do bairro Pigalle, onde todo um bando de artistas, escritores e gente de teatro se mistura aos vadios e rufiões locais. Ainda vão às vezes à casa de Gertrude e Leo Stein, onde Pablo se mostra sempre acompanhado de Fernande. No entanto a paixão está morta, o amor murchou e a própria amizade vai mal. Fernande, ociosa agora que o companheiro se encerra cada vez mais no ateliê, busca distrações noutra parte. Quanto a Pablo, ele está de olho numa bela mulher, companheira de um pintor polonês que pratica o cubismo sob o nome afrancesado de Louis Marcoussis. Éva Gouel, que já há algum tempo é sua amante, instala-se pouco depois no apartamento do Boulevard de Clichy, onde Fernande não tem mais seu lugar. Ela é fina, sensível, delicada e muito mais inteligente que a predecessora. Pablo está apaixonado, e ele gosta de estar apaixonado.

A cor retorna à sua pintura. Seu cubismo fica mais arejado, deixa ver melhor seus motivos, joga cada vez mais com a tipografia, faz dançar naturezas-mortas, chocando Braque por suas fantasias quando utiliza um pedaço de encerado que imita o assento de palhinha de uma cadeira para figurar esta. Isso seria apenas anedótico se Picasso não estivesse inventando a colagem, que conhecerá uma grande fortuna durante o século XX. No mesmo momento, com um pouco de cartolina, chapa metálica e arame, ele compõe uma guitarra leve e cheia de humor que reinventa a escultura.

Para um novo amor, nova casa. Montmartre foi o tempo da boêmia e de Fernande; mas Montmartre acabou. E Pigalle também. Um novo coração artístico bate em Paris, em Montparnasse. Pablo e Éva cruzam o Sena e se instalam no Boulevard Raspail. Em realidade, é Kahnweiler que se ocupa das modalidades práticas dessa mudança, enquanto o casal está em Céret, desde maio de 1912. Mas, um mês depois, ao anúncio da chegada próxima de Fernande, eles partem com o casal Pichot. Vão até perto de Avignon, em Sorgues, onde residem os Braque e onde alugam a vila “Les Clochettes”. Os dois pintores trabalham, sempre com a mesma energia. A amizade permanece inalterada, embora tensionada por uma rivalidade que, embora não claramente expressa, mesmo assim é evidente. Braque cola papel pintado numa tela, não para produzir uma ilusão, como fez Picasso com sua cadeira, mas para servir-se dele como puro elemento plástico. Daí em diante, a porta está aberta a outros jogos.

Mundanidades e surrealismo

No Salão do Outono de 1912, o cubismo causa escândalo. Paris se inquieta de ver o avanço dos vândalos, esses êmulos de Braque e de Picasso que se exibem num monumento nacional, o Grand Palais. O assunto é debatido mesmo na Câmara dos Deputados, onde os partidários da liberdade de expressão e de criação se opõem aos defensores de uma tradição que gostariam de ver alterada o mínimo possível. Os impressionistas eram trapaceiros que pintavam mal; já os cubistas são malfeitores, em sua maioria estrangeiros, que agridem a nação... O escândalo não interessa a Picasso, que se mantém afastado dos Salões. Ele não ataca ninguém, não defende ninguém, não se proclama arauto do cubismo, observa do alto seus seguidores, os Gleizes, os Metzingers, os Delaunays, que se arriscam tirando as castanhas do fogo (castanhas magras em brasas hesitantes). E pouco importa se o amigo Apollinaire fecha os olhos diante desses cubistas menores. Pouco importa, também, se Leo Stein o abandona em proveito de Matisse. Gertrude, felizmente, permanece fiel. Nesses tempos de polêmica irrisória e no momento em que cresce a tensão mais grave que anuncia a guerra, Picasso prefere deixar Paris e retornar a Céret. Levando consigo, obviamente, Éva, junto de quem conhece uma satisfatória paz amorosa, longe dos impulsos caprichosos de Fernande.

Começa a primavera na montanha. Manolo e Burty Haviland continuam sempre calorosos, descontraídos, felizes de terem lançado a âncora nesse lugar. Pablo instala-se num andar de um grande prédio, a casa Delcros, onde já esteve em 1911. Faz vir Max Jacob que, continuamente sem dinheiro, não hesita em aproveitar a hospitalidade do amigo. Mas, como no ano anterior, uma sombra passa sobre o quadro da felicidade catalã: José Ruiz y Blasco morre e Pablo parte para enterrá-lo em Barcelona. Ninguém gosta da morte, muito menos Picasso. Há muito o pai afastou-se dele, mas foi seu primeiro mestre, encorajou-o desde cedo, deu-lhe confiança, ajudou-o a se lançar da melhor maneira possível no caminho da pintura. É verdade que depois não compreendeu o que Pablo pintava, mas reconhecia o talento do filho. Picasso está triste quando retorna a Céret, onde os amigos o cercam. Os Braque agora também estão ali, assim como Juan Gris, um jovem madrilenho que ele conheceu no Bateau-Lavoir e que tomou, como tantos outros, o caminho do cubismo.

É preciso imaginar esse pequeno grupo no terraço do Grand Café, sob os plátanos; e quando as *coblas*, essas formações musicais catalãs, fazem suas serenatas; quando Max tenta dançar a sardana; quando um ônibus leva Pablo e alguns outros a Figueiras, na Espanha, para assistir a uma tourada... Mas eis que Éva adoece. Uma inflamação da garganta que se prolonga e lhe causa uma tosse insistente. Depois é Pablo que sofre uma "pequena febre tifoide" (com certeza uma disenteria), que o incita a voltar logo a Paris, onde ficará de cama por uns quinze dias. Como quando era jovem, Picasso não suporta a doença, que para ele é a vida perdendo o terreno – e a vida é o trabalho, a pintura, e também tudo que pode fazer no caminho aberto pelas colagens e os *papiers collés*, objetos bricolados com o que lhe cai às mãos, pontas de madeira, papelão, cordão e arame, objetos que reinventam a escultura. Assim que se restabelece, ele passa do Boulevard Raspail para a Rue Schoelcher, num belo ateliê com uma vista do Boulevard de Montparnasse.

Em Montparnasse, a revista *Les Soirées de Paris*, dirigida por Apollinaire, destaca-se agora no meio literário e artístico graças a generosos mecenas. Brandindo a bandeira do cubismo, do qual o ardente Guillaume é mais do que nunca o incensador, ela concede a Picasso, ao Picasso mais recente, um lugar de honra. *Les Soirées* são também saraus organizados por seus ricos proprietários, Serge Jastrebzoff, que adotou o pseudônimo de Férat, e sua irmã, a baronesa Hélène d'Oettingen, pintores e colecionadores de origem russa e grandes apreciadores da obra do *douanier* Rousseau. Nesses saraus reúne-se o que Paris conta então de mais brilhante e promissor, e Picasso não é a menor das vedetes. Ele é a figura dominante do cubismo, o herói das vanguardas que se diverte, ele que se sente mais livre do que nunca, tendo já ultrapassado o cubismo. Para ele o cubismo não é um sistema, é apenas uma nova possibilidade da figuração, que só terá sentido se se abrir a novas liberdades em vez de se cristalizar, como está acontecendo em outras mãos, num novo academismo. O cubismo não é a questão de Picasso; é a de alguns pintores que se lançaram na brecha que ele abriu com Braque, de alguns escritores, apreciadores de arte e *marchands* que veem aí a vanguarda artística; é o sonho teórico de Apollinaire, que se fez seu apologista em *Méditations esthétiques*, inventando-lhe três categorias (cubismo "científico", "físico", "instintivo"); é uma mercadoria lançada no mercado de arte. Mais tarde será a questão dos historiadores da arte que o instituem como verdade primeira: a arte moderna do século XX nasceu com o cubismo. Não é tão simples assim e, se Picasso aproveita o movimento criado em torno desse inoportuno rótulo nos anos 1910, este reduz consideravelmente o que há sempre de impulso e de improvisação numa obra que em nenhum momento se deixa apreender de maneira fácil, estrita.

Em 1914, Picasso, apaixonado e célebre, vendendo bastante suas obras para viver confortavelmente, domina a pintura e a escultura com imaginação e desembaraço. Sua obra é alegre, diversa, colorida, inventiva, declinando ao extremo, tanto em duas como em três dimensões, os procedimentos do cubismo. Mas, discretamente, ele desenha, e até mesmo pinta, de maneira muito clássica, embora não mostre isso a ninguém. No verão está em Avignon, com Éva, claro, não distante dos Braque e dos Derain, subsistindo em amizade o trio que esteve na origem do cubismo. A guerra os surpreende, pois, na Provença. Os dois franceses partem para juntar-se a seus regimentos. Picasso é espanhol, e a Espanha se mantém afastada do conflito. Ele poderia se alistar, como faz Apollinaire, também um estrangeiro; mas o que cabe a um artista não é antes se ocupar com a arte, em vez de se ocupar com a guerra? Ele não vê razão para se envolver na grande carnificina, e o melhor que pode fazer, escapando assim do inferno, é trabalhar. E amar Éva.

Ele só volta a Paris no outono. A cidade está melancólica. Os amigos franceses partiram em sua maior parte para o *front.* Os estrangeiros e aqueles que o exército rejeitou, por uma razão ou outra, conhecem dias difíceis. O mercado de arte está parado, o debate em torno do cubismo já quase não interessa mais a ninguém e o dinheiro é escasso. Kahnweiler, alemão e portanto considerado um inimigo, mas que não queria ir lutar em favor do Kaiser, refugiou-se na Suíça. Seus bens, incluindo galeria e quadros, são colocados sob penhora, o que dificulta a vida dos artistas que ele defendia, como Juan Gris, que enfrenta a miséria no Bateau-Lavoir. Picasso, beneficiado por um maior sucesso, arranja-se melhor. Assim também Matisse, que passou da idade de fazer a guerra. Os dois se veem de vez em quando, rivais mas não inimigos, e ainda convidados a jantar por Gertrude Stein, que se separou do irmão (os Matisse ficaram com ele, os Picasso com ela). Serge Férat e a irmã continuam igualmente a receber em sua mesa escritores e artistas. Já que o exército francês não avança sobre Berlim como prometia e a guerra parece dever durar, uma certa vida mundana é retomada, nem que seja para manter o moral dos soldados em licença.

Max Jacob escapou também da conscrição. Os médicos militares o consideraram míope demais. Ele tem a vista fraca, é verdade, mas isso não o impede de ter visões. Jesus lhe apareceu e ele se envergonha de sua vida dissoluta. Agora está pensando em ser monge. Mas primeiro precisa converter-se, pois, sendo judeu, não foi educado na religião católica. Decide fazer-se batizar e, em fevereiro de 1915, Pablo será seu padrinho. Não que este seja muito chegado à religião, mas também não é contra, e Max, que passará a chamar-se Cipriano pela graça batismal, é seu amigo...

Picasso não é tão indiferente à marcha do mundo para não se perturbar com a guerra. Ainda mais que seu amigo Braque é gravemente ferido. Ela não entra como tema em sua pintura, mas mantém seu trabalho numa certa gravidade. O *Arlequim* que ele pinta nesse mesmo ano não tem nem a suave melancolia nem a leveza sorridente que tiveram alguns de seus predecessores. Com a cabeça em bola de madeira e os dentes em sorriso forçado, e apesar do traje que é uma festa de cores, ele não é senão um fantoche. Como se toda a humanidade tivesse desertado a arte. Mas a guerra não é talvez a única responsável por essa dramatização. Éva está doente. Em janeiro de 1915, ela passa um mês numa casa de saúde, onde é operada, o que evidentemente inquieta seu companheiro. De que doença ela sofre? Não sabemos com precisão. Essa mulher muito amada por Picasso deixou poucos vestígios de sua passagem na vida dele. Os testemunhos de que dispomos são raros e incompletos. Seriam inexistentes se não tivesse sido desenhada ou pintada por seu amante? Após uma leve melhora, há uma recaída na primavera e seu estado piora. Tudo indica que se trata de tuberculose. Está fatigada, exausta, emagrece cada vez mais e deve novamente ser hospitalizada. Em Auteuil, nos arredores de Paris, o que é bastante longe para Picasso, que faz incessantes viagens de ida e volta. Ela está morrendo e sabe disso. Escreve a uma amiga. Pablo também deve ter essa ideia, mas ele se queixa sobretudo, numa carta a Gertrude Stein, que sua vida "é um inferno"! A Jean Cocteau, que vem vê-lo pela primeira vez, conduzido pelo músico Edgard Varèse, confessa sua tristeza, quando em geral é tão orgulhosamente pudico. Éva morre em 14 de dezembro. Picasso, por mais afetado que esteja, mesmo assim consola-se com uma certa Gaby cujos encantos, durante os últimos dias de sua companheira, já lhe trouxeram algum reconforto. Não vejamos aí cinismo: é sua maneira de virar as costas à morte, de tomar apaixonadamente o partido da vida. Pablo não gosta de viver sozinho; tem necessidade de uma presença feminina, amorosa e carnal em sua vida; sua arte, feita de energia, não admite que ele fique à espera, enregelado. Picasso está vivo e declara seu amor a Gaby, com quem gostaria mesmo, diz ele, de casar. O caso com Gaby não dá certo, e outras damas contribuem para dar-lhe o gosto de viver, Irène Lagut, Émilienne Pâquerette...

Nos últimos meses, ele não trabalhou como gostaria, mas o ano de 1916 torna a vê-lo assíduo e dinâmico em seu ateliê, onde continua a explorar o caminho aberto pelas *Demoiselles*, pintando numerosas telas solidamente construídas, as linhas firmes contendo a cor que voltou. Ele faz variações, declinações, espreita o que pode vir. Léonce Rosemberg, em sua galeria L'Effort Moderne, tomou o lugar de Kahnweiler. Na Paris que se habitua à guerra, Picasso resiste. Ele aceita, contra o princípio que geralmente observa, participar do Salão d'Antin organizado por André Salmon em julho de 1916, que reúne fauvistas, cubistas e alguns outros nas salas do costureiro Paul Poiret. Para a ocasião, chegará mesmo a expor, desenroladas e remontadas em chassis, *Les Demoiselles d'Avignon*, pela primeira vez propostas assim à apreciação do público e à zombaria dos jornalistas. Sucede também de suas obras serem vistas aqui ou ali, pertencentes a um *marchand* ou a um colecionador em outras ocasiões, na loja de Germaine Bongard, irmã de Paul Poiret, numa exposição que agrupa alguns artistas importantes da nova geração, como Matisse, Derain, Modigliani, Léger, Severini, Marie Laurencin. No mês de junho, seu nome pôde ser lido no catálogo de uma exposição do Cabaret Voltaire, lugar histórico do Dada, que acaba de nascer em Zurique.

Jean Cocteau, em licença de guerra, vem vê-lo vestido de um traje de arlequim para lhe mostrar sua admiração e convencê-lo a fazer seu retrato. Esse jovem poeta, já bem conhecido na sociedade parisiense, e cujo rosto não o deixa indiferente, sabe se impor. Desde Els Quatre Gats, Picasso sempre gostou da companhia dos poetas, e a homenagem insistente desse homem vivo e brilhante força sua amizade. Cocteau, pouco inclinado à sombra que é o preço da modéstia, procura arrastar Picasso numa aventura em que a cumplicidade de um artista tão célebre realçaria seu próprio renome: os Balés Russos de Serge Diaghilev em breve encenarão uma peça com um argumento de sua autoria. Será *Parade* [Desfile], com música de Erik Satie, coreografia de Léonide Massine, figurinos e cenários de... Picasso. Tal é a ideia desse jovem ambicioso, para quem um bom escândalo artístico, como o que marcou *A sagração da primavera* (música de Igor Stravinski) pouco antes da guerra, não amedronta, muito pelo contrário. Picasso sempre gostou das artes do espetáculo, nelas se inspirou como muitos pintores. Eis que lhe é dada uma bela ocasião de subir ao palco.

Picasso se entende bem com Erik Satie, quinze anos mais velho, que ele conheceu recentemente em Montmartre e cujo espírito é tão pouco convencional como o seu. Juntos, eles discutem muito sobre *Parade*. O músico apoia o pintor em seu esforço de orientar a sua maneira o projeto, em detrimento do argumento inicial de Cocteau. Este, diplomático, submete-se: o amigo, com o qual contava para dar um brilho suplementar ao espetáculo, acentua seu lado saltimbanco, faz dele uma festa neocubista, ao mesmo tempo em que ergue uma ponte retrospectiva entre o cubismo e seus períodos azul e rosa. A *Parade* é o momento em que os saltimbancos reúnem o público do bulevar e tentam incitá-lo a comparecer ao espetáculo, mostrando-lhe algumas piruetas. Nesse mundo de arlequins e acrobatas, o pintor sente-se em casa. Ele se envolve totalmente no projeto e pouco importa que o acusem de fazer sucumbir o cubismo na arte decorativa e na iconografia popular. Aliás, a cortina de cena quase nada terá de cubista, como tampouco a maior parte das roupas, entre as quais, verdadeiramente cubistas, vão se destacar tanto mais as dos "*managers*", arautos encarregados do reclame do espetáculo. Mas Picasso já não mostrou que não teme se desdobrar? Aos 35 anos, ele se volta sobre seu percurso de pintor e torna a investir no teatro os dois grandes momentos artísticos que atravessou, como se ambos pertencessem a um mesmo capital histórico a ser aplicado segundo seu desejo.

Em fevereiro de 1917, o pintor e o poeta partem para Roma, onde se juntam à trupe dos Balés. Jean diverte-se e desenha. Pablo, num ateliê da via Margutta, dá retoques nos cenários e no figurino, também desenha, numa veia mais clássica, e quase não pinta. As velhas pedras pouco o interessam. A pintura, tão generosa nessa cidade que é um vasto museu, o solicita mais. Aqui a vanguarda é "futurista" e ataca a figuração tradicional tanto quanto o fez o cubismo, embora num espírito diferente, mais polêmico, mais político, sobretudo obcecada pela ideia de colocar movimento na pintura. Mas a rua, os cafés, as cenas populares o solicitam ainda mais, como também as dançarinas. Uma delas em especial, Olga Kokhlova, a quem corteja com insistência. Diante da resistência dessa bela filha de um coronel, dez anos mais moça, a conquista se faz tanto mais indispensável. Por fim ela cede e – surpresa! – é uma verdadeira donzela – como diz Pablo a Gertrude Stein. Quanto a Jean Cocteau, segundo seu biógrafo Richard Buckle, ele é o amante de uma outra dançarina da trupe. Mas tem menos sucesso junto ao papa, que não lhe concede a audiência solicitada!

No fim de abril, Picasso está de volta a Paris. Mais precisamente a Montrouge, para onde levou seus móveis a uma casa, alguns meses antes, a fim de virar a página do tempo de Éva. Em 18 de maio, no teatro do Châtelet, tudo que há de elegante, mundano ou decididamente moderno nessa Paris em guerra ameaçada pelas tropas do Kaiser reúne-se para a estreia de *Parade.* Apollinaire, soldado gravemente ferido, foi solicitado a escrever um texto de apresentação que ele transforma num manifesto, em nada capaz de tranquilizar os mais temerosos dos espectadores: a aliança bem-sucedida da coreografia e dos cenários e figurinos, diz ele, cria "uma espécie de surrealismo" que é "o ponto de partida de uma série de manifestações desse espírito novo que [...] promete modificar de alto a baixo as artes e os costumes na alegria universal, pois o bom senso quer que eles estejam pelo menos à altura dos progressos científicos e industriais"[1]. Massine, como um prestidigitador chinês colorido de vermelho, amarelo e preto, devora um ovo. O *manager* francês, de chapéu-coco, dá suas ordens por meio de um megafone. Seu colega americano, de camisa vermelha e calça de caubói, carrega arranha-céus nos ombros e uma chaminé de fábrica na cabeça... É preciso mais para impressionar Paul Morand, que escreve em seu diário[2]: "Sala cheia, ontem, no Châtelet, para ver *Parade*. Cenários de pano, gênero teatro de feira, de Picasso, uma música graciosa de Satie, ora lembrando Rimski, ora uma furadeira [...]. Muitos aplausos e algumas vaias". O que não impede que a onda de choque de *Parade* sacuda Paris. Três meses após o sucesso da revolução que instaurou um novo regime na Rússia, o espetáculo parece ainda mais subversivo porque, alguns dias antes, a bandeira vermelha apareceu no palco do mesmo teatro, no final de *Pássaro de fogo*, com música assinada por Stravinski. Cocteau, Satie e Picasso são o objeto de uma mesma reprovação: boches, bolcheviques! Erik Satie insulta um crítico desdenhoso e é condenado por difamação. O escândalo, desejado pelo poeta como operação publicitária, é um sucesso, e ele declara, não sem atrevimento, que foi "a maior batalha da guerra".

No mês seguinte, os Balés partem para Barcelona. Acompanhar sua bela impõe-se a esse catalão adotivo, que fica em Barcelona de junho a novembro. Olga permanece prudentemente no hotel onde estão alojadas as bailarinas, enquanto Pablo se instala no apartamento onde viviam os pais e que a mãe desocupou para ir morar com Lola. Mesmo assim ela posa para ele, tendo nos ombros uma mantilha que Maria fez questão de oferecer à nova noiva do filho, prevenindo-a ao mesmo tempo sobre as capacidades de Pablo ser um bom marido. Léonide Massine, o dançarino-coreógrafo, este é retratado como arlequim. O realismo toma a dianteira, e o que resta de cubismo em algumas telas então pintadas é bastante edulcorado, graciosamente decorativo. Os Balés partem a seguir para Madri, onde por prudência, como já haviam feito em Barcelona, não mostram *Parade*. Pablo fica sozinho em Barcelona, onde os amigos de juventude organizam um banquete em sua homenagem. A próxima etapa dos Balés é a América do Sul, mas Olga decide não acompanhá-los. Encerra sua carreira de bailarina, permanece junto a Picasso e vai com ele a Paris, descobrindo com estupor a desordem (a palavra é fraca) que reina em Montrouge, mais ainda que em seus precedentes ateliês. Ela exige, no mínimo, uma empregada. Mas a boêmia não é seu forte e essa grande burguesa sente-se melhor quando, na primavera seguinte, pouco depois de Paul Guillaume organizar uma exposição Matisse-Picasso, Pablo, bastante enriquecido, aceita instalar-se no hotel Lutetia, embora retornando às vezes para pintar em Montrouge, mesmo à noite, se o coração lhe chama. Mas o importante para Olga não é que ele a despose? E na igreja, segundo o rito ortodoxo.

Em 12 de julho de 1918, na igreja russa da Rue Daru, Jean Cocteau, padrinho da noiva, tem a impressão de desempenhar um papel em *Boris Godunov* [peça teatral de Púshkin], como ele escreve à sua mãe. Guillaume Apollinaire, que também se casou dois anos antes, e Max Jacob são os padrinhos do noivo. Dois meses antes, o casal jantava na casa de Gertrude Stein e Alice Toklas em companhia de Igor Stravinski, esse outro cúmplice dos Balés Russos, de Marcel Proust e de James Joyce. Apesar da guerra, o jovem século XX segue adiante e Pablo Picasso, agora acompanhado de Olga Kokhlova, é um dos que lhe abrem novos horizontes.

Os Balés Russos fizeram crescer sua fama, lançaram-no num mundo de dinheiro e lantejoulas que até então ele só roçara. Mesmo sendo dançarina, Olga não tem nada de um saltimbanco e o leva a desempenhar um novo personagem:

o do artista mundano, que cuida de sua aparência, cumpre seu papel nos salões, saboreia os frutos da celebridade. Os recém-casados passam o verão em Biarritz, o ponto chique do País Basco onde a gente rica do mundo inteiro aguarda com desenvoltura que termine o inferno das trincheiras. Sua anfitriã, Eugenia Errazuriz, mecenas que se diz moderna e tem por Pablo uma amizade sincera, é um bom exemplo dessa nova rede de relações que arrastam Picasso a mil léguas do Bateau-Lavoir de seus anos de boêmia. Apaixonado, feliz, relaxado, o pintor passa do cubismo a um elegante realismo que deve muito a Ingres, mas nunca se mantém por muito tempo num rigor clássico. Ele tem necessidade de jogar com as formas, de uma maneira diferente da cubista, retornando às vezes àquele alongamento que tanto lhe agradou em El Greco. Mas com um sorriso a mais. Variando os estilos, ele pinta Olga, retratos de seus comensais, *Banhistas*.

A guerra finalmente acaba. Mas Guillaume Apollinaire morre. O poeta, trepanado e restabelecido, acabou sendo levado pela gripe espanhola. Uma página é virada. Pablo Picasso perdeu um de seus melhores cúmplices, o poeta que se divertira em retratá-lo, em seu romance *La femme assise* [A mulher sentada], sob os traços de Pablo Canouris, "o pintor de mãos azuis celestes" e "olhos de pássaro", ao lado de um Max Jacob que se tornou Moïse Deléchelle, "um homem cor de cinza cujo corpo, em todas as suas partes, é musical". Com Apollinaire desaparece também o arauto do cubismo, que foi o primeiro sopro do século e do qual alguns, agora, sem perceber que seu cavalo de batalha não é mais que um velho pangaré, defendem a ortodoxia contra as "traições" daquele que foi seu mais ardente criador. Picasso instala-se na Rue La Boétie, 23, distante tanto de Montparnasse quanto de Montmartre, no que se chama um "bairro bom", digamos: um bairro burguês. Paul Rosemberg, o irmão de Léonce e igualmente *marchand* de quadros, encarregado nessa ocasião da missão imobiliária, encontrou dois apartamentos muito próximos de sua galeria. Em seu novo ateliê, um andar acima do apartamento onde reina Olga, Pablo logo reconstituirá a desordem sem a qual parece não poder viver nem pintar. Ali, onde ela não pode se meter, ele se sente em casa.

Ainda mais claramente do que no tempo de Fernande e de Éva, porque Olga lhe impõe sua regra lá onde é soberana, ele distingue dois territórios. Divide ao meio sua vida: de um lado, a ordem, Olga, o apartamento, as recepções, a vida mundana, as belas roupas; de outro, a desordem, o trabalho, a solidão, o confronto com os demônios da pintura, os amigos da boêmia aos quais permanece fiel, mas que a esposa não aprecia. Ele não faz estardalhaço, não inventa estilo novo. Pinta – e, para ele, pintar é viver. Em breve terá quarenta anos e já tem atrás de si uma carreira importante, uma obra considerável, múltipla, celebrada, influente. Ele observa o caminho que percorreu, interroga-se sobre o que realizou, sobre o que pode ainda empreender. Multiplica as naturezas-mortas, disseca Manet, preocupa-se menos em realizar obras definitivas do que em pintar o que lhe agrada, quando e como quiser. Assim sua pintura mostra-se menos austera, mais acessível. Ele tira proveito do novo impulso ganho pelo mercado de arte e também da habilidade comercial de Paul Rosemberg. É o pintor moderno número um. Cocteau celebra-o em sua *Ode a Picasso*, satisfeito de vê-lo voltar ao classicismo. Um jovem pintor catalão, Joan Miró, vem vê-lo, mostra-lhe quadros e tem a alegria de vender-lhe um, seu muito original *Autorretrato*.

Na primavera de 1919, Diaghilev chama Picasso para uma nova colaboração, que se junta à trupe dos Balés Russos em Londres, onde esta prepara *O tricórnio*, com música de Manuel de Falla. Para ele é a ocasião de um grande conjunto de imagens espanholas (folclore, tourada e Goya...), das quais a cortina de cena, que ele mesmo pinta em grande parte, é um brilhante exemplo. Ele se diverte e Olga reencontra as amigas bailarinas. Londres o admira e o festeja. Ele almoça na casa de uma *lady*, em Oxford, e deixa-se vestir por sua esposa nos melhores alfaiates e fabricantes de camisas londrinos. Quando retorna à França para passar o verão à beira do Mediterrâneo, em Saint-Raphaël, esse mergulho espanhol deu-lhe um novo frescor, um novo entusiasmo: banhistas e faunos cantam e dançam uma evidente alegria de viver vinda da Antiguidade grega e romana. E, como o bom humor o incita ao humor, ele zomba das bailarinas de Diaghilev, essas atletas rigorosas cuja aparente leveza é somente artifício, rigor disciplinar, ao contrário da do arlequim ou do pierrô, aos quais não cessa de voltar. No ano seguinte, libera essas dançarinas de seu peso, acentua suas formas, as arredonda, as faz enormes, porém leves como bolas lançadas no ar ensolarado. Nesse meio-tempo, divertiu-se com o espírito da *commedia dell'arte*, isto é, a arte dos saltimbancos, e dos clichês napolitanos, inspirando-se neles para os cenários e o figurino de *Pulcinella*, o balé montado por Diaghilev a partir de uma música de Stravinski e que fará um grande sucesso no teatro de l'Opéra de Paris. Se as mulheres se arredondam, é talvez também porque Olga está grávida. As novas banhistas são mães, matronas, portadoras de vida. Paulo nasce em fevereiro de 1921, e Pablo se alegra de ser pai.

Kahnweiler retornou a Paris onde, fiel ao cubismo austero de antes da guerra, abriu uma nova galeria na Rue d'Astorg, não longe da de Paul Rosemberg e do domicílio de Picasso. É a galeria Simon, nome de um sócio do *marchand*, que contribuiu com os fundos necessários. Assim ele se reergue, mas sem poder recuperar os quadros que lhe foram confiscados em razão de sua nacionalidade alemã. No entanto a evolução do pintor o decepciona, e este, que gosta que os *marchands* batam com insistência em sua porta reclamando quadros, não faz esforço por aquele que, não muito tempo atrás, promoveu tão bem sua obra. As gigantas que saem então do ateliê da Rue La Boétie e que parecem provir de um fundo mitológico, testemunhando o interesse do artista pela escultura antiga, não serão expostas na nova galeria.

As *Três mulheres junto à fonte*, pintadas em Fontainebleau, onde Picasso passou o primeiro verão em família com Olga e Paulo, tampouco o serão. É uma espécie de manifesto de seu retorno ao classicismo, pelo menos uma síntese dos últimos trabalhos, amadurecida ao longo de numerosos esboços e que Pierre Cabanne descreve assim: "Eis aqui, numa harmonia ocre de vaso grego, três mulheres com membros semelhantes a colunas, cujas túnicas, sulcadas de caneluras, parecem esculpidas e cuja carne, de um rosa argiloso, dá a impressão de recusar os reflexos da luz[3]".

De fato, reaparece aí uma referência ao nobre equilíbrio que não deixa de lembrar Nicolas Poussin, o maior dos pintores clássicos franceses, e que mostra mais uma vez como Picasso, longe de ser um bárbaro, não cessa de voltar à história da arte, de observar e de interrogar os grandes artistas que foram seus principais elos. Ontem era El Greco ou Goya, ou então a arte primitiva da África ou da Oceania; agora é Poussin. Sim, mas... Ainda assim ele pinta no mesmo momento uma outra grande obra, *Os três músicos*, de uma bela segurança plástica e de grande força decorativa, que une a experiência da recomposição cubista e a da decoração cênica. Vejamos como Pierre Cabanne descreve também essa obra:

> Uma decomposição geométrica violenta, embora hierática, das cores brilhantes, tons quentes e tons frios opostos, destacando-se sobre um fundo escuro.[4]

Picasso, em 1921, é o agente duplo da pintura moderna. Mas ele evolui menos em dois caminhos paralelos do que oscila entre dois polos, voltando atrás e ao mesmo tempo projetando-se no futuro. No verão seguinte, passando do Mediterrâneo ao Canal da Mancha, com uma energia que nada altera, ele mistura as paisagens, as naturezas-mortas, as maternidades e ainda as matronas que se lançam alegremente numa praia.

Para Charles Dullin, que monta a *Antígona* de Jean Cocteau, ele cria um cenário simples e majestoso, fazendo cair dos arcos de abóbada um grande pano de juta submetido ao azul de metileno e amarrotado, sobre o qual pinta sem hesitação nenhuma, a nanquim sobre um fundo de sanguina, diante de testemunhas embasbacadas, três colunas dóricas. Voltará à inspiração antiga, no ano seguinte, para o cenário do balé *Mercúrio* de Léonide Massine, com música composta por Erik Satie.

No momento em que Picasso parece ter voltado à ordem de uma pintura mais razoável, mais evidente (Jean Cocteau alegra-se com isso), no momento em que o cubismo, apesar dos esforços de Kahnweiler e de Juan Gris, que se tornou seu principal afilhado, parece fora de moda, uma vanguarda de uma insolência extrema sacode a Paris das letras e das artes. Alguns jovens começam a fazer um singular alvoroço. Tristan Tzara traz a Paris o humor subversivo de Dada, o movimento que fundou na Suíça. Ele tem 25 anos, uma bela reputação de espírito não conformista e consegue reunir em torno dele e de Francis Picabia (este, um "velho" de quarenta anos que participou de ousadias em Nova York com Marcel Duchamp) alguns escritores ainda pouco conhecidos, também em busca de levar a revolução aos fundamentos da civilização ocidental. Mas Dada, niilista, não é mais que um Jarry extremado, um espírito colegial levado ao máximo. André Breton, Louis Aragon e Paul Éluard, que apreciam o apelo desse movimento a fazer tábula rasa, querem ir mais longe, abrir novos caminhos, construir um outro mundo, "mudar a vida", como dizia Arthur Rimbaud. Para eles, contrariamente a Picabia, um pouco ciumento do brilho de Picasso, este último é um exemplo de liberdade, de imaginação, e eles o fazem saber. Tzara, menos sistemático do que aparenta ser, também o admira, vendo no cubismo uma porta aberta ao futuro. Breton e Aragon tentam arrastar Picasso em seu impulso contestatário, ou tentam apadrinhar-se. Ele é tocado pelo interesse que lhe manifestam e está atento ao ardor que percebe nesses jovens, mas o homem feliz, o pintor sensato que é agora "não se deixa fisgar" (como dizia Cézanne). Ele os recebe de bom grado na desordem de seu ateliê, mas considera às vezes excessiva a insistência de fazerem dele um herói revolucionário. É com a pintura que ele se preocupa, não com a revolução, e Cocteau é seu amigo. Mas esses jovens pouco acadêmicos têm pelo menos uma fantasia que lhe recorda a de Apollinaire, ou a de Max Jacob antes de mergulhar no catolicismo (ele acaba de se instalar na sombra do mosteiro de Saint-Benoît-sur-Loire).

Em vez de subverter a sociedade, Picasso preocupa-se em pintar o filho como arlequim, como pierrô, como toureiro. Pintar saltimbancos, cenas bucólicas. Pintar igualmente Sara Murphy, uma bela americana por quem o escritor Francis Scott Fitzgerald se apaixonou antes dele e cujo marido, um homem muito rico, é doido pelas obras dos fundadores do cubismo, a ponto de querer pintar ele mesmo. Os dois casais se conheceram em Paris, onde os Murphy, que também passam férias no cabo de Antibes, davam brilhantes festas. Picasso é fascinado por essa mulher alegre que lhe inspira diversos quadros, e certamente não é só uma amizade amorosa que os une. Uma dupla vida, no amor e na pintura, não lhe causa medo, com a condição de evitar o ciúme de Olga, tanto mais possessiva quanto percebe que ele lhe escapa. Com uma duplicidade maligna, Pablo chega a pintar quadros que tomam traços de uma e da outra. Sua pintura é harmoniosa, sensual, obra de um homem alegre que pinta como se tocasse a flauta de Pã, um de seus mais elegantes personagens. É a obra de um pintor que reencontrou a veia do classicismo sem, no entanto, ser acadêmico. Não faltam razões de sê-lo nesse momento em que a vida lhe sorri. Sua pintura vende bem, tanto que adquire um automóvel, uma Hispano-Suiza, conduzida por um chofer, enquanto o apartamento da Rue La Boétie é servido por um esquadrão de empregados.

Em 1924, dois livros lhe são dedicados, um escrito por Jean Cocteau, o outro por Pierre Reverdy, um poeta que, depois de Apollinaire, fez-se teórico de um cubismo que ele transpõe em literatura. Enfim, se Picasso conta com muitos inimigos sempre dispostos a denegri-lo, ele pode se orgulhar de ser recebido nos salões mais chiques e, ao mesmo tempo, ser admirado pelos ex-dadaístas que, sob a batuta de André Breton, acabam de fundar o surrealismo. O cubismo, que ele assume numa entrevista publicada na América, na revista *The Arts*, e à qual deu sua concordância (o que não quer dizer que são exatamente suas palavras), seria surrealista? Sim, na medida em que procede de uma atitude crítica em relação à percepção convencional da realidade, como explica o pintor a seu entrevistador, Manuel de Zayas:

> Damos à forma e à cor sua significação própria, tão longe quanto podemos ver; conservamos a alegria da descoberta, o prazer do imprevisto, nossa inspiração mesma é uma fonte de deleite. Mas de que serve dizer o que fazemos, quando cada um pode vê-lo, se quiser?[5]

Breton busca desenvolver no campo artístico uma teoria e uma estratégia nascidas no espaço literário, e Picasso é então o único artista a ter ido longe o bastante para que a vanguarda mais agressiva possa se valer dele. Só que reduzir Picasso à sua experiência do cubismo é não compreender o quanto ele próprio se mantém numa permanente contradição. E ver no cubismo uma refundação revolucionária da arte é esperar dele mais do que pode dar e simplificar ao excesso o que será a história da arte do século XX. Aliás, os surrealistas logo lhe voltarão as costas, assim que tiverem encontrado pintores engajados em aventuras mais surpreendentes e menos formalistas. Durante um sarau marcado por uma representação de *Coeur à gaz* [Coração a gás] de Tristan Tzara, em julho de 1923, André Breton avança brandindo uma bengala (sim, os jovens, mesmo revolucionários, saem naturalmente à rua com uma bengala!) contra alguns dadaístas que insultam Picasso e quebra o braço de um deles. Dois anos mais tarde, mais sério, o poeta demonstra sua justa intuição ao publicar em *La Révolution surréaliste* fotografias de dois quadros desse pintor ao qual concedeu um lugar em seu panteão surrealista, duas obras que se afastam bastante do cubismo. A primeira é *Les Demoiselles d'Avignon*, que fora enrolada após a exposição do Salão d'Antin e que Breton incita seu autor a recolocá-la num chassis a fim de poder vendê-la ao costureiro Jacques Doucet. A segunda, mais recente, é *A dança*, uma composição tão estranha como sua predecessora [*A dança* de Matisse] e na qual os jogos pânicos de Picasso adquirem uma súbita coloração dramática. Esses dois quadros provam que o cubismo de Picasso (se realmente há cubismo) não é uma questão de método, mas de aventura, de intuição, e que o pintor é um artista sério, grave. Ele se mostrou desenvolto durante alguns anos. Provou sua maravilhosa habilidade, sua capacidade de sempre renovar-se, de não se encerrar na repetição do que sabe fazer bem, de sempre avançar por caminhos novos; mas Picasso nunca é tão grande como quando é grave e dá à sua pintura uma densidade que vem do mais profundo de si mesmo.

Foi a morte de seu velho amigo Ramon Pichot que o lançou novamente nesse humor sombrio? Talvez, pelo menos em parte. Mas seu casamento também vai mal, os desentendimentos com Olga tornaram-se constantes, a ligação dos dois é apenas familiar, justificada pela presença de Paulo. Esses dois seres, evidentemente, não foram feitos para se entender. Olga é incapaz de compreender a pintura de Pablo, o qual é por demais obcecado por seu trabalho de pintor para dar a ela a atenção e o modo de vida que lhe conviriam. A grande burguesa e o artista não formam um bom casal. Não existe mais entre eles o elã que supera as contradições, cego às incompatibilidades. Olga gostaria de ter Pablo para si e ser tudo para ele. O marido a negligencia, e ela se queixa. Sente-se humilhada por não ser mais amada. Ele a engana, e ela suspeita. Se o casamento não se desfaz e prossegue no desacordo, é que ela pensa que o casamento e a família são indissolúveis, enquanto Picasso, como ele explicará mais tarde a Gertrude Stein, sempre teve dificuldade de resolver os problemas da vida cotidiana e evita tanto quanto possível tomar decisões. Infeliz e ociosa, sem outra atividade que não a existência mundana e desonerada das tarefas práticas pelos domésticos, Olga vive mal-humorada, importuna o marido, faz-lhe cenas, que ele ignora ou que provocam sua cólera. É que ele não poderia, ele, Pablo Picasso, pertencer a quem quer que seja. Não pinta mais a mulher, nem mesmo o filho, e na sua obra aparecem novas figuras femininas, mais feiticeiras do que ninfas ou matronas alegres. Elas fazem caretas, mostram os dentes. E Sara não está mais por perto para contrabalançar essa inspiração sinistra.

São todas essas tensões que o estimulam? O fato é que ele tem um daqueles súbitos lances de gênio que rompem a continuidade de seu trabalho. Um saco de aniagem ou uma velha camisa, alguns pregos, agulhas de tricô transformam-se, em alguns gestos, em guitarras que vêm cantar na noite de Picasso. Ele reencontrou a veia das colagens antigas, a segurança do gesto, a livre inspiração. O que agrada os surrealistas, que apreciam a ironia e se maravilham com essa arte da metamorfose. Mas no fundo ele se aborrece. Em Paris, onde os anos se tornaram loucos, em Juan-les-Pins, em Dinard, Picasso leva uma vida opulenta para um pintor que, vinte anos antes, vivia na miséria. O apartamento, as casas de campo alugadas são luxuosos, há empregados em toda parte, mas isso só lhe interessa na medida em que não precisa se ocupar dos problemas materiais, das pequenas coisas do "cotidiano". Tudo iria bem se Olga fosse uma esposa eficaz e discreta, assegurando sua tranquilidade, protegendo seu trabalho. O que acontece cada vez menos. Assim, ele vive como um figurante no mundo de Olga, acompanhando-a em noitadas que o aborrecem, escapando delas sempre que possível, encontrando na pintura a melhor saída, contando aqui e ali com outras cumplicidades para seus jogos amorosos.

Os surrealistas atacam as convenções, defendem a imaginação livre e o amor louco. Picasso, que não é realmente ele mesmo nos papéis que desempenha fora do ateliê, não pode se desviar da simpatia que alimenta nesses jovens. Tem consciência do excesso de suas proclamações e do ridículo de suas puerilidades, praticamente não os lê, mas conhece a qualidade de sua energia, a força de sua atitude, a originalidade de algumas de suas obras. Assim, embora evitando o que poderia parecer da parte dele uma aliança a André Breton e ao *Manifesto do surrealismo*, aceita participar da primeira Exposição surrealista, em novembro de 1925. Não é mais um jovem pintor, aproxima-se dos cinquenta anos, é célebre e sabe ser atento aos que, mais jovens, conhecem dificuldades que ele mesmo custou a vencer. Está de olho em Joan Miró, o mais original dos pintores que avançam sob a bandeira surrealista, desfraldada sobretudo na literatura. Recebe em seu ateliê um jovem russo de Odessa, Philippe Hosiasson, dá-se o trabalho de ir ver em sua casa o que pinta esse jovem bem pouco cubista e lhe diz palavras que o enchem de lisonja. Ajuda também consideravelmente o escultor catalão Apelles Fenosa. Como este se debate na miséria, compra-lhe diversas obras antes mesmo de sua primeira exposição.

Picasso, na verdade, está sozinho com sua pintura. Frequenta um meio que o distrai mas não o preenche, o que aguça sua consciência de pertencer à comunidade informal e marginal dos artistas. Sem um excessivo espírito de confraternidade, sem complacência pelos que não aprecia, em particular os seguidores menores do cubismo, ele se mostra, no entanto, generoso, amigável, encorajador. É também o que o faz tão sensível à morte dos que foram companheiros mais ou menos próximos, ainda que tivesse pouco ou nada em comum com eles. Vimos como ficou abalado com a morte de Ramon Pichot. O mesmo acontece, em 1920, com a de Modigliani, a quem chegou a ajudar, mesmo sem ter uma ligação de amizade com ele. Também com a de Juan Gris, embora frequentemente o tenha denegrido junto a Gertrude

Stein quando achava que esta lhe dava demasiada importância, e a quem chegou a barrar o caminho impedindo-lhe uma colaboração com Diaghilev. Quanto toma conhecimento da morte desse compatriota menos mimado pela vida que ele e que estava longe de ser um mau pintor, Picasso precipita-se à casa de Gertrude Stein para chorar com ela. Quando ela lhe censura uma demonstração pouco conforme à inimizade que manifestou anteriormente, ele confessa que sempre teve mais consideração por esse artista do que parecia ter. Talvez justamente por ser Gris um pintor muito bom e de um rigor que lhe era muito alheio, comportou-se em relação a ele como se fosse um rival.

Sucede também de os mortos retornarem. É o caso de Guillaume Apollinaire. Logo após sua morte, alguns escritores, artistas e simples admiradores formaram um comitê encarregado de zelar para que sua memória fosse honrada por um monumento que seria financiado por subscrição. Picasso foi contatado já em 1921 para ser o autor desse monumento, mas as coisas se arrastaram. Por falta de fundos, mas também pela indecisão de Picasso, incomodado pelas imposições geradas pela encomenda e sentindo que o comitê que o chamou teme sua audácia. Um leilão de obras de arte doadas com essa finalidade (Picasso não deixou de oferecer uma) permitiu, em junho de 1924, arrecadar uma quantia para erguer a estátua, mas o autor presumido ainda não tinha o projeto. Chegou a esboçá-lo, como o testemunham diversos croquis. No final de 1927, ele convida seus patrocinadores a examinarem o projeto no ateliê. Mas estes, um tanto convencionais e pouco a par da arte moderna, horrorizados diante de uma obra que tacham de pornográfica, pensam que Picasso está brincando. É uma questão de gosto, por certo, mas eles também devem levar em conta a administração do Père-Lachaise, o cemitério onde está enterrado Apollinaire e onde o monumento será erguido. Pornográfico, Apollinaire o foi bem mais do que Picasso e antes dele, mas essa é uma parte de sua obra que preferem, em praça pública onde se faz a história literária, manter secreta. O caso terminaria aí se o artista não tivesse uma enorme vontade de realizar um monumento, de inscrever sua obra na paisagem, em grande dimensão. Assim, continua a trabalhar nesse projeto e a fazer dele o pretexto de uma nova reflexão sobre a escultura, que o leva a conceber numerosas peças, seja em alto-relevo em formas orgânicas, redondas, com evidentes atributos sexuais, seja em arame e com a cumplicidade do escultor Julio González, que o iniciou dez anos antes na técnica da soldagem.

O Minotauro

Em 8 de janeiro de 1927, uma moça muito bonita sai das Galerias Lafayette. Ou então sai do metrô que tomou para ir até o grande magazine. Está sozinha, ou talvez acompanhada da irmã. Tem apenas dezessete anos, mas parece ter saído há muito da adolescência. Sua beleza vai entrar na história da arte. Pablo Picasso, no mesmo momento, passa pelo Boulevard Haussmann. O homem é seduzido, o pintor, fascinado.

Marie-Thérèse Walter contou ela mesma essa história, quarenta anos mais tarde, numa entrevista concedida a um jornalista da *Life*, depois, uma outra vez, a Pierre Cabanne. Picasso a teria abordado, pegando-a pelo braço, apresentando--se, dizendo-lhe a intenção de fazer dela um retrato e proclamando que eles realizariam "grandes coisas juntos". Uma versão mais romanesca da história foi dada pela irmã da interessada, que confiou suas lembranças a um investigador diligente. As duas jovens, depois de fazerem as compras, teriam se dirigido à gare Saint-Lazare, onde Marie-Thérèse devia tomar o trem para o domicílio familiar em Maisons--Alfort, enquanto a irmã mais velha, já independente, morava em Paris. O pintor as teria seguido, observando-as através de um buraco feito em seu jornal, depois teria abordado Marie-Thérèse quando ela ficou sozinha. Teria dito então que todo dia a esperaria no mesmo local, na estação, às dezoito horas. Um pouco mais tarde ela teria voltado, acompanhada da irmã, a quem confiara o segredo, simplesmente para ver se o homem cumprira a palavra.

Várias coisas, pelo menos, são certas: Marie-Thérèse Walter é jovem e bela, e o nome daquele que a abordou lhe é desconhecido; Pablo Picasso está bastante subjugado para abordá-la de uma maneira tão franca; eles voltarão a ver-se em breve e terão suas vidas mudadas. Marie-Thérèse vem posar no ateliê do pintor, que, em Maisons-Alfort, fica conhecendo a mãe da moça. Esta, que teve quatro filhos "naturais" de um homem de negócios que era seu patrão, mostra-se bastante complacente e não vê nenhum problema no fato de a filha posar no ateliê do pintor. Marie-Thérèse é menor e, como a maioridade legal é fixada em 21 anos, a mãe poderia se opor e apelar à justiça contra um homem que "desencaminharia" a filha. Claro que há o pretexto de um quadro a fazer, mas são sobretudo passeios e sessões de cinema que ocupam o casal inconveniente, que durante seis meses se mantém apenas em relações de amizade, embora Pablo faça uma corte insistente que nada esconde de suas intenções. Marie-Thérèse está sob o feitiço desse homem que pode lhe parecer velho, mas que se mostra intensamente apaixonado. A cidadela cai finalmente em 13 de julho de 1927.

Marie-Thérèse nunca esqueceu essa data, e uma declaração escrita de Picasso, dezessete anos mais tarde, o comprova. Entre eles há o que os surrealistas chamam "o amor louco", que subverte as regras morais e sociais, que arrasta os amantes em sua tempestade. Eles são felizes. Mas Picasso é casado e Marie-Thérèse é menor de idade. Divorciar? Ele pensa nessa possibilidade, embora a amante não o exija. Mas não é tão simples quanto possa parecer. Apesar do casamento civil de Olga e Pablo na França, o fato de ele provir de um país onde o divórcio não é reconhecido o impede de beneficiar-se das disposições mais favoráveis da lei francesa. De todo modo, Olga não quer ceder: o marido é seu, não importa quais sejam suas relações, e nada poderá dissolver seu casamento. Além do mais, a menos que mudasse de ideia e não se mostrasse ávida e vingativa, ela poderia exigir, já que são casados no regime de comunhão, a metade dos bens e, portanto, dos quadros do marido. Assim os amores de Marie-Thérèse e de Pablo devem permanecer em segredo. Bistrôs à beira do rio Marne e hotéis discretos os abrigam. Essa vida dupla não desagrada de modo algum a Pablo, como tampouco o romanesco da situação. Quanto a Marie-Thérèse, ela está bastante feliz para se contentar com sua felicidade, tomando o que lhe é dado sem pedir mais; pelo menos sem deixar seu amor, o amor dos dois, estragar-se por um excesso de expectativas ou de recriminações. E a pintura de Pablo Picasso ganha mesmo um novo impulso. Ele não se cansa de celebrar a beleza de Marie-Thérèse, buscando ao mesmo tempo não revelar demais o objeto de sua paixão. Sabe jogar muito bem com as formas para simultaneamente mostrar e mascarar a realidade. Um perfil pode parecer reduzido a um sinal, nascido da imaginação, e é ao mesmo tempo o da moça. Uma *Guitarra* aparentemente anódina pode ter inseridas em suas curvas as iniciais da amante. Ninguém mais, a não ser eles, pode então compreender o que se dissimula nos quadros. Mas Picasso pinta para si mesmo antes de tentar seduzir um público. A pintura é, como ele dirá mais de uma vez, seu diário íntimo. Ela reflete seus humores, seus impulsos, seus amores, suas angústias. Segue dia a dia o fio de sua vida, por isso ele tem sempre o cuidado de anotar em cada quadro, em cada desenho, em cada gravura, a data da realização. É também a razão pela qual não gosta de se separar das melhores telas, ou das que lhe são particularmente caras por conterem o testemunho de um momento preciso de sua vida.

Sua arte, nesse momento de felicidade amorosa, de exaltação dos sentidos, faz-se mais harmoniosa e mais sensual. Pelo menos quando é inspirado por sua voluptuosa amante de formas cheias. Ambroise Vollard lhe pediu ilustrações para a edição que quer fazer da novela de Balzac *Le Chef-d'oeuvre inconnu* [A obra-prima desconhecida], um texto a que Cézanne se referia para dizer o quanto a pintura era para ele um destino que ignorava meias medidas. Picasso também está engajado sem reservas nessa arte que custou a razão a Frenhofer, o herói de Balzac, e à qual Cézanne deu sua vida. Com a diferença de que ele, Picasso, tem um gosto tão pronunciado pelos prazeres carnais que foi alheio ao pintor das *Banhistas*. Sem se preocupar demais em ser fiel ao autor que deve ilustrar, ele desenvolve o tema do pintor e de seu modelo feminino. Paralelamente, multiplica figuras de mulheres ferozes, cruéis, com traços de feiticeira, que ele rompe e desarticula, como sabe fazer bem. Sempre a dualidade. Pode-se dizer: eis aí a esposa frente à amante, o dever oposto à alegria sensual. Mas Picasso talvez não sofra tanto com o casamento e a vida familiar como diz. Se ele fosse verdadeiramente romântico, não se colocaria nenhuma questão, se daria inteiramente ao novo amor. Se fosse verdadeiramente surrealista, teria ainda menos razões de pactuar com a ordem burguesa. Se tivesse apenas que escolher entre Olga e Marie-Thérèse, seria talvez mais simples, mas conceber assim a alternativa é esquecer um terceiro elemento, o mais importante: a pintura.

É ela a amante todo-poderosa, que dita sua lei. O equilíbrio no qual vive Pablo Picasso, pintor célebre, marido desembaraçado e amante fogoso, é frágil mas existe como tal, e destruí-lo num só golpe, como no arremesso do jogo de boliche, seria pôr a pintura em perigo. Num plano psicológico, em primeiro lugar, porque os tormentos de um divórcio lhe trariam complicações que o impediriam de trabalhar. No plano prático, a seguir, porque isso implicaria uma tal mudança que ele ficaria desestabilizado.

Mas por que escolher? Por que pedir a Pablo Picasso para comportar-se como um homem comum, escolher entre esposa e amante, pôr ordem em sua existência? Não é ele o rei, como declarou quando jovem ao fazer seu autorretrato? E um rei pode perfeitamente ter esposa e filhos públicos (mais os domésticos que lhes são associados) e amante clandestina. Pablo Picasso, tanto na vida privada como na vida de pintor, não pode senão manter-se à parte; a lei ordinária não poderia se aplicar a ele que sabe, desde sempre, que não é um homem comum.

No verão de 1928, está em Cannes, com Olga e Paulo. No ano seguinte, está em Dinard, onde seis anos antes haviam passado, os três juntos, suas primeiras férias, interrompidas por uma doença da jovem mãe. Quanto a Marie-Thérèse, ela conseguiu vaga numa colônia de férias da mesma estação balneária. Os dois amantes podem assim estar perto um do outro, enquanto *Banhistas* de uma nova lavra, que nada devem às de Cézanne e que exaltam uma evidente sensualidade, são pintadas pelo mestre. No ano seguinte, no mesmo local, elas parecerão menos serenas, obcecadas pela chave de uma cabine que não se sabe se é a delas e que pode servir tanto para proteger um segredo quanto para abrir a porta de sua liberdade. A menos que, desdenhando os símbolos, não sejam mais que simples damas numa praia estival. Mas, então, por que se mostram cada vez mais agressivas? É apenas uma Olga incômoda que as inspira? E se houvesse aí uma mulher de duplo rosto, a intuição de que na mais doce das companheiras jaz sempre um pouco da feiticeira? Mas duas mulheres é o suficiente? Picasso gosta muito da companhia das belas admiradoras com as quais se mostra aqui ou ali em Paris...

Na complicação de sua dupla vida e sem nenhum grande projeto artístico particular, Picasso, bem sustentado por seus *marchands*, não se interessa muito pela vida artística parisiense. O cubismo lhe parece ultrapassado, e ele evitou filiar-se ao surrealismo, contentando-se em pintar sem princípio, sem linha diretriz, conforme o que surgir, o que se impuser a ele, surpreendendo-o, abrindo diante dele caminhos novos. Enquanto a França se delicia com uma nova moda, a das "*arts déco*", que ele julga irrisória, modernista sem alma, pretensiosa, Picasso mantém-se acima da disputa de uma arte que se exaure em querer-se moderna e se perde em discussões ociosas e práticas deletérias. Ele não tem mais nada em comum com outros pintores, longe do sempre elegante Matisse, que cuida em não deixar nenhuma sombra se introduzir em sua pintura, como do pouco expansivo Braque, em busca de um certo classicismo. A escultura, que ele praticou menos que a pintura, mas na qual mostrou um talento inato, uma liberdade total, sem preconceito algum, é sobretudo o que lhe permite dar livre curso à imaginação. Por ora ela é filha do desenho, projeto de monumentos improváveis com tema pouco evidente, de formas arredondadas, extravagantes, como gigantescos organismos não identificados; ou então é um jogo de arames, abstrata, embora seu autor proclame um desprezo pela arte não figurativa. Daí poderia sair um monumento à memória de Apollinaire, se o comitê que quer erigi-lo se mostrasse mais ousado. Picasso certamente não crê num eventual poder do artista que contribuiria para a mudança social. A decoração, o *design*, o urbanismo, ele zomba disso tudo. Para ele a arte é uma aventura solitária na qual o artista se engaja com todo o seu temperamento, se perdendo e se ganhando, avançando às cegas, jamais chegando a um ponto onde pudesse se deter. Ele vive sua vida e pinta sua pintura, vive sua pintura e pinta sua vida, e por ora é um problema de mulheres que o obseda e o faz multiplicar as inúmeras figuras femininas, de animalidade evidente, o sexo desenhado com mão firme. Alguma coisa aí o instiga de maneira mais profunda do que a felicidade de amar Marie-Thérèse.

Por trás do anteparo de sua prodigiosa vitalidade, talvez o machuque uma dor que acaba por se exprimir numa perturbadora série de cenas do calvário de Jesus. São inicialmente desenhos, como ele não cessa de fazer em seus cadernos, anotando sempre as ideias, as imagens que lhe vêm e que ele elabora multiplicando as variações, de onde por fim surgem quadros. Picasso, ao contrário dos surrealistas, é um artista que respeita a tradição da qual provém, conhece seus clássicos e não cessa de interrogar os grandes mestres que o precederam. Não sente necessidade alguma de cortar o fio da história da arte, e a grande pintura religiosa, esse fundamento da arte ocidental, não lhe é insuportável. Por outro lado, sua atitude em relação à religião não é clara. Não é um tema que ele aborde e, se aparentemente não mostra interesse algum pelo cristianismo no qual foi educado e que na Espanha é tão influente, ele não agitaria a bandeira do ateísmo nem se lançaria em diatribes anticlericais, como André Breton. Supersticioso, tem o senso dos poderes mágicos. Aliás, pode ser ao mesmo tempo a favor e contra, a contradição não lhe causa medo. A seus olhos, o tema da crucifixão não é apenas um elemento do ensinamento do cristianismo; para além de toda religião, é a ilustração da tragédia humana dominada pelo sofrimento e a morte. Para um andaluz como Picasso, crucifixão e tourada são irmãs: em ambas há um sacrifício, uma condenação à morte. Por mais que Pablo esteja apaixonado, a morte o persegue. Há, de fato, algum cinismo em sua maneira de levar uma vida dupla, mas nem por isso a situação é menos dramática. Ele não tem a coragem nem talvez a vontade de resolvê-la, e, mesmo comprazendo-se nela, sofre. Mas a crucifixão é também uma metamorfose, a do homem em filho de Deus, e Picasso é obcecado pelas metamorfoses, a sua enquanto artista que está sempre a se renovar, enquanto homem que não sabe para onde leva o destino, também a de seus modelos, de seus motivos, dos quais é o agente e o catalisador. Entre seus olhos e suas mãos, tudo se transforma. E o jovem editor Albert Skira teve realmente uma grande inspiração ao lhe pedir para ilustrar *As metamorfoses* de Ovídio. Nem todos os temas são leves, o poeta latino não eludiu a crueldade dos mitos antigos, e o gravador ocupa-se deles com toda a graça de que é capaz. A gravura, porém, quando ataca o cobre com o buril ou o ácido, o faz com violência. Talvez por isso ele goste dela. Criar doçura pela violência é um desafio de homem e de artista: Picasso chegará a gravar estupros. Esse sedutor nada esconde de seus fantasmas. Em 1928, pintou um *Minotauro*, esse homem-touro que o mito nos diz ser um grande consumidor de jovens mulheres. É o primeiro de uma grande série que se desenvolverá sobretudo em gravuras e na qual Marie-Thérèse será mais de uma vez representada em companhia do belo monstro.

Picasso sente falta de espaço, mas não de dinheiro. O ateliê da Rue La Boétie é demasiado pequeno para que possam trabalhar juntos um pintor, um gravador e um escultor. Ainda mais que ele produz muito, faz questão de conservar um bom número de suas obras, possui uma coleção pessoal e acumula papéis e objetos diversos porque resiste a jogar fora seja o que for, tanto pela ideia de que um dia poderiam lhe servir quanto por uma clara compulsão fetichista. Ele tem necessidade de espaço para entregar-se a seus diferentes trabalhos, de tranquilidade também, isto é, de um lugar onde Olga não reine. O castelo de Boisgeloup, perto de Gisors, no Eure, está à venda por um preço que é uma pechincha, em decorrência da crise econômica mundial. Picasso o adquire no início de 1930. Uma distância de sessenta quilômetros não representa uma longa expedição, e a Hispano-Suiza, conduzida pelo motorista Marcel, pode levá-lo e trazê-lo de volta à capital todo dia. Pois não se trata de se encerrar no campo. Nessa bela residência do século XVII, que compreende uns vinte quartos, vastas estrebarias, um pombal, uma capela em mau estado e um parque plantado com belas árvores, não lhe passa pela cabeça ser dono de castelo, muito menos deixar que Olga o seja, ela que gosta de móveis luxuosos, de gente fina, de recepções. Boisgeloup deve ser um instrumento para seu trabalho, nada mais. A instalação permanece sumária e, num primeiro momento, abriga principalmente a escultura. Experimentador impenitente que gosta de se apoderar das técnicas, dos materiais, das linguagens que não aprendeu e submetê-los à sua imaginação fértil, Picasso tem vontade de explorar mais fundo o campo da arte em três dimensões. Ele refletiu muito, nos últimos tempos, em projetos de escultura monumental. Sua mão de *bricoleur* genial, que se rejubila nas colagens, comicha, ainda mais que ele acaba de ser iniciado no trabalho de metal por seu amigo Julio González, um rei da soldagem, com a ajuda de quem pôde realizar uma espantosa *Cabeça de mulher* que reúne vários objetos metálicos, entre eles dois coadores. Quaisquer que sejam suas ideias e seus desejos, poderá satisfazê-los. González vai mais de uma vez a Boisgeloup para dar-lhe uma mão nesse triunfo da colagem, que implica a acumulação de um espantoso bricabraque no qual se amontoa tudo o que poderia, um dia ou outro, transformar-se em escultura. O gravador Louis Fort, por sua vez, instalou uma prensa na qual pode tirar provas que seu autor imediatamente aprecia e eventualmente corrige.

Em Boisgeloup, Picasso revive. Tanto mais quanto Olga está distante. Ali passa a maior parte do tempo, recebe Marie-Thérèse, trabalha com um novo afinco. Aproveita mesmo para não acompanhar Olga e Paulo a Juan-les-Pins no verão de 1932 e para passar dias felizes com a amante na nova morada. E eis que nas estrebarias aparecem cabeças monumentais da mulher amada, grandes modelos de gesso que serão vertidos em bronze e que acompanham, num mesmo movimento de inspiração, toda uma série de quadros, eles também retratos de Marie-Thérèse, numa exaltação sensual a que ele nunca se deixara levar tão longe. O amor o dinamiza e a vida lhe sorri: em 1931, uma importante exposição de suas obras tem lugar em Nova York, e uma retrospectiva reúne cerca de quarenta de seus quadros em Londres. Em 1932, a retrospectiva apresentada na galeria Georges Petit, em Paris, é um acontecimento que dessa vez conta com sua presença, contrariamente ao hábito de nunca comparecer ao *vernissage* de suas exposições. Usando uma gravata borboleta, ele recebe a homenagem dos admiradores, num cenário de veludo púrpura. Como Marie-Thérèse tem agora 21 anos e, portanto, é maior de idade, ele pode permitir-se instalá-la em Paris num apartamento próximo de seu domicílio da Rue La Boétie, mas mantendo a ligação em segredo a fim de não provocar a ira de Olga, que poderia acionar seus advogados. Também por tato, dirão alguns, pois Picasso é bastante cavalheiro para não humilhar a esposa, enganando-a abertamente. Para sua felicidade, Olga observa pouco sua pintura para perceber, ela que já não suporta a menor alusão a Fernande, que uma nova musa é celebrada, que tem sobre ela a vantagem da juventude, da alegria e de belas formas redondas... Mas Olga possui suficiente intuição para saber que o marido não é dos mais fiéis, e é certo que uma ligação sólida lhe faria perder a paciência.

Em seu "castelo", Picasso sente-se em casa. A moradia e suas dependências não são mais que o vasto ateliê de um artista polimorfo para quem uma desordem extravagante é o húmus necessário à criação e que se deixa distrair menos do que em Paris pelas visitas. Bastam poucas coisas para sua felicidade: ver a mulher amada, os que o ajudam no trabalho em escultura e em gravura, e alguns amigos seletos, como Braque, que ele voltou a ver, e Kahnweiler, que, desconcertado por dois nus que o pintor lhe mostra, imagina a tela "pintada por um sátiro que acaba de matar uma mulher". Kahnweiler vem com frequência acompanhado de um escritor que é seu genro, Michel Leiris, casado com a filha natural da esposa do *marchand*. Esse espírito original, atormentado, introspectivo, que frequentou os surrealistas e está se tornando um etnólogo de renome, anima, junto com Georges Bataille, outro escritor pouco ortodoxo, a revista *Documents*, onde se aliam, de maneira original, arte, etnografia e reflexão filosófica. Leiris quer publicar artigos sobre um pintor que ele considera o mais importante de seu tempo. *Documents* não é a única revista a se interessar por Picasso, também os *Cahiers d'art* de Christian Zervos lhe dedicam um número especial em 1932, por ocasião da retrospectiva parisiense de sua obra. Uma terceira publicação, nova, com o título de *Minotaure*, envia à Rue La Boétie e a Boisgeloup o fotógrafo Brassaï, que ganha rapidamente a confiança do tema de suas reportagens para se tornar por algum tempo seu fotógrafo preferido. Essa bela revista, publicada por Albert Skira, dá destaque ao surrealismo, e o próprio André Breton elogia ali Picasso, fechando os olhos para seu duplo jogo artístico e para as *Crucifixões* inspiradas no célebre retábulo de Grünewald, que o mesmo número publica. Picasso brinca de vez em quando de surrealismo como para se divertir, deixando sua imaginação sair da via régia traçada em pintura e em escultura no elogio amoroso de Marie-Thérèse, e ele dá a *Minotaure* uma série de desenhos de objetos imaginários e incongruentes, que parecem de acordo com a linha do movimento. Mas não nos enganemos.

Picasso nunca se deixa encerrar num gênero ou numa teoria, por isso mostra-se sempre mais livre do que os surrealistas, cujas proclamações, no entanto, erigem a liberdade em deusa absoluta. Ele é um artista "bem-sucedido", chique, mundano, o que não o impede de ser mais subversivo que muitos de seus confrades de ares boêmios. Também não é pretensioso nem afetado, e Brassaï, sabendo da reputação do homem que deve fotografar, surpreende-se com sua cordialidade. Lembrando-se do primeiro encontro, ele escreverá em suas *Conversations avec Picasso* [Conversas com Picasso]:

> Eu tinha diante de mim um homem simples, sem afetação, sem arrogância, sem pose. Sua naturalidade e sua gentileza me deixaram à vontade desde o início.[1]

Em 1933, um quarto de século após a irrupção de *Les demoiselles d'Avignon* na história da arte, Pablo Picasso, considerado por muitos o maior pintor vivo, é um personagem histórico, uma espécie de conquistador da arte, revolucionário e soberano. Não dizia Gertrude Stein que ele era seu "pequeno Napoleão"? Fernande Olivier, companheira dos tempos heroicos do Bateau-Lavoir, lhe faz pagar o preço da fama ao evocar o Picasso boêmio que ela conheceu. *Picasso et ses amis*, publicado por Paul Léautaud, livro descosido, mal-escrito, não é, porém, um livro vingativo, mesmo se não oferece do artista uma imagem heroica e sublinhe algumas de suas excentricidades, como o seu formidável egocentrismo. Picasso, pouco eloquente sobre sua vida privada e pouco inclinado a se debruçar sobre seu passado, não aprecia nem a curiosidade de uns nem a indiscrição de outros. Que uma ex-amante se aproveite assim de sua celebridade não é, portanto, algo que lhe agrada, e ele tenta sem sucesso impedir a publicação dessas lembranças, desde seu lançamento numa série de artigos no jornal *Le Soir* e depois na revista *Le Mercure de France.*

Olga, que continua tendo ciúmes de Fernande, vê na publicação desse livro uma nova ocasião de provocar as cenas de casal que ela sabe fazer. É nesse clima que a família se mostra "unida", durante o verão de 1933, em Cannes, depois em Barcelona, onde a Hispano-Suiza causa sensação. Aquele que tivera na Catalunha seus começos de pintor pobre hospeda-se agora no Ritz. Mostra-se totalmente descontraído aos olhos da família e dos antigos amigos do tempo de Els Quatre Gats, que o festejam. É como filho de Barcelona que esse natural de Málaga é acolhido, como um filho pródigo aureolado de uma glória que resplandece sobre a cidade. Os jornalistas o assediam, ávidos de entrevistas que não obtêm, enquanto ele retorna com prazer aos lugares de sua juventude e os mostra a Paulo. Essa temporada numa Espanha novamente republicana o alegra o bastante para que volte, no ano seguinte, com a mulher e o filho, dessa vez passando pela Galícia e indo até Madri para rever os quadros do Prado. Nem por isso ele esquece Marie-Thérèse, a quem envia diariamente cartas apaixonadas, acompanhadas de desenhos e, curiosamente, de alguns vestígios de suas ocupações (cardápios de restaurantes, programas de espetáculos, bilhetes de ingresso nos museus ou nas arenas...).

É o Minotauro, recentemente entrado em sua obra, que lhe dá esse desejo de Espanha? São os touros das touradas que despertam o monstro adormecido? O fato é que o homem-animal mitológico, ao qual ele evidentemente se identifica, e o animal sacrificial do culto solar que permanece vivo em seu país mostram-se cada vez mais ligados nesse homem obcecado pelo sexo e pela morte. Do sacrifício, ambos são atores. A um são oferecidas as jovens sacrificadas, enquanto o outro é geralmente mais vítima que carrasco. Mas convém perceber também que o touro das touradas dá ao Minotauro uma luz particular: o poderoso deflorador de virgens é igualmente o animal sofredor, ensanguentado, vencido. Logo de volta a Boisgeloup, a pintura e a escultura dão provas disso, sobretudo com o aparecimento de uma espantosa mulher-toureiro atacada pelo animal cujo chifre rasgou sua roupa. Reencontramo-la, em março de 1935, como a infeliz heroína de *A minotauromaquia* gravada em água-forte: dessa vez tem os traços de Marie-Thérèse, seu ventre é arredondado e é um cavalo desventrado que a ataca, sob os olhos do Minotauro visivelmente contente consigo.

Picasso está sabendo, há três meses, que vai ser novamente pai: Marie-Thérèse está grávida, e ele decidiu enfim iniciar um processo de divórcio. A Espanha republicana pôs fim ao tabu que impedia toda legalização do divórcio. O futuro pai está finalmente pronto para enfrentar a esposa. Ela não está disposta a deixá-lo partir. Numa tal situação, a má-fé é um combate leal, e ele propõe como principal argumento que ela o impede de trabalhar e de receber os amigos. Uma primeira etapa é vencida no final de junho; a justiça registra a impossibilidade de qualquer conciliação, a separação é oficial. Olga, dotada de uma pensão confortável e recebendo em partilha Boisgeloup, deixa a Rue La Boétie para se instalar com o filho num hotel. Quanto a Pablo, ele se queixa de permanecer sozinho no domicílio conjugal. Evidentemente não lhe é possível instalar-se ali com a amante enquanto o processo está em curso, ainda mais que Olga recorreu à primeira decisão. Aliás, seria isso realmente o que ele queria, sendo tão grande o gosto que adquiriu pelo segredo?...

É uma menina que nasce "de pai desconhecido", em 23 de março de 1935, em Boulogne. Recebe o prenome de Maria de la Concepción, mas logo é apelidada de Maya. Picasso, feliz, revela-se um pai atencioso para com a mãe e a filha, constantemente junto delas, cuidando da casa e da cozinha! Todavia, a situação lhe pesa: tem uma amante e uma filha que deve ocultar, uma esposa cuja ameaça passa agora por advogados, um filho que raramente vê, um apartamento no qual vive solitário com seu cão Elft e um ateliê onde tem dificuldade de trabalhar. Seus amigos o encontram triste, deprimido. Ocorre-lhe uma ideia: chamar Sabartés em seu socorro. Este, desde que voltou da Venezuela, vegeta em Barcelona, onde, quando se reencontraram, mostrou-lhe a mesma amizade e a admiração de outrora. E se ele viesse se instalar na Rue La Boétie? Que venha então, com a mulher, e que os dois se ocupem dele e de seus negócios. O casal não hesita, já em novembro está em Paris. Picasso, encantado de rever o velho cúmplice, faz seu retrato um mês mais tarde. Mas não em pintura. Escreve-o, faz um poema. Sim, um poema. Porque agora ele é poeta. Pelo menos escreve poemas, em prosa ou em verso. É algo que lhe vem abruptamente. Palavras que se apressam em sua cabeça, animam sua mão, atropelam-se em frases intermináveis sem preocupação com lógica, sem pontuação, numa fantasia um tanto opaca, à moda surrealista. Sabartés encontra aí uma parte de seu novo emprego: ele se encarrega de datilografá-las. Esse homem consciente de não ser o escritor que gostaria de ter sido é, na verdade, o empregado de seu amigo, porém mais do que isso: é seu homem de companhia. Chega mesmo a levar-lhe o desjejum ao leito, a fim de que possa ficar longamente ali, de manhã, lendo a correspondência e os jornais, em especial o que sai na imprensa a seu respeito e que uma agência especializada lhe comunica.

Seus poemas, Picasso os lê também aos amigos, aos surrealistas que ele frequenta com uma nova assiduidade e que se alegram de vê-lo demonstrar sua adesão aos princípios do automatismo, dando livre curso às extravagâncias do inconsciente. Em 18 de abril, ele escreve num longo poema em castelhano:

> ...as ostras nascem loucas de amor de oriente e de silêncio no avesso dos seios tranquilos são as amendoeiras que ao redor remetem os amigos inúmeros inigualáveis ao estuário do macaco nu que barbeia o espelho...[2]

Michel Leiris, em seu prefácio à edição póstuma dos *Écrits* [Escritos] de Picasso, qualificará a escrita poética do amigo de trem cotidiano de um prodigioso artista que, à margem de seus trabalhos de absoluto mostrador, mantém uma espécie de agenda onde aos sacolejos se inscrevem não coisas da ordem do que se passa realmente, mas coisas que lhe passam pela cabeça.

Para ele não se trata, porém, de entrar francamente no grupo surrealista, nem de desferir um golpe contra sua obra para que, separando-se do que ainda tem de realista, esta se ajuste mais ao culto do imaginário ilustrado por pintores que se juntaram aos escritores na origem do movimento, como Max Ernst, Joan Miró, Salvador Dali. Há uma certa cumplicidade de Picasso com o surrealismo, sem dúvida, mas este representa sobretudo, para ele, a amizade com os que se mantêm à margem do grupo dirigido por André Breton: Michel Leiris, já há vários anos, Paul Éluard, há alguns meses. O pintor faz o retrato deste último e grava ilustrações para seu livro *Les Yeux fertiles* [Os olhos férteis]. O poeta dedica um poema ao pintor e faz seu elogio em Barcelona, onde foi convidado por ocasião de uma grande exposição do amigo, a primeira desde 1902 e a última por muito tempo, já que os militares rebeldes em breve se insurgirão e lançarão a Espanha na guerra civil.

Os cafés de Saint-Germain-des-Près, que sucedeu a Montparnasse como lugar histórico da vanguarda, acolhem encontros amistosos em que se fala de arte e literatura modernas, mas também da atualidade política. Na Espanha, a República enfrenta os defensores do antigo regime e das tradições aristocráticas e religiosas. A Itália caiu há quinze anos num regime ditatorial. A Alemanha, de maneira ainda mais dura, há três anos. Na França, a direita e a esquerda estão agora frente a frente, desde que em fevereiro de 1934 um motim antidemocrático, na Place de la Concorde, fez vacilar o poder. Estaria o país ameaçado por um golpe de Estado? ou poderia seguir o exemplo socialista da União Soviética? Breton, Éluard, Bataille, Leiris estão engajados na extrema esquerda, partidários de uma transformação radical da sociedade; Picasso mostra-se muito pouco politizado. Nunca se deixou entusiasmar pelas discussões de café, tanto mais que não é o que ouve ali que o anima. O homem gosta de falar, contanto que tenha um papel importante e o escutem. Então pode "representar seu número", lançar algumas ideias sobre a arte e os artistas que o impressionam, ou zombar com graça de algum rival ou fantoche do mundo parisiense, ou mesmo escarnecer duramente um amigo que ele assassina em frases contundentes, como, por exemplo, Jean Cocteau, personagem que é um alvo fácil. Ou então escuta, observa. Esse olhar que nada perde, que registra tudo, parece penetrar todo aquele que é o objeto de sua acuidade, como essa mulher vista seguidamente com os surrealistas, no Deux-Magots, brincando com uma faca que ela crava entre os dedos de sua mão estendida sobre a mesa, às vezes errando o alvo e fazendo escorrer gotas de sangue.

Henriette Theodora Markovic, que se faz chamar Dora Maar, tem 28 anos. Iugoslava pelo pai, francesa pela mãe, passou vários anos na Argentina, de onde voltou falando correntemente o espanhol. É fotógrafa e sujeita a oscilações de humor. É bonita, claro, ou não teria agradado a Picasso, esse artista apaixonado pela beleza das mulheres e que encontra sempre em seus amores a inspiração de pinturas e esculturas novas. Tem cabelos tão negros como os dele; quanto aos olhos, são talvez de cor variável, pois os testemunhos a seu respeito divergem, dando-os como verdes ou negros. É também inteligente e original. No mês de março de 1936, ela tira fotos em Boisgeloup, com Paul Éluard e sua companheira, a fascinante Nusch, pouco antes de Picasso ir passar secretamente algum tempo em Juan-les-Pins com Marie-Thérèse, por quem aparentemente continua apaixonado, a julgar pelos desenhos que faz dela, não sem acompanhá-la ainda de alguns minotauros. A Côte d'Azur tornou-se um hábito para ele, que ama o sol e os banhos, embora não seja grande nadador e se contente em brincar na água. Em agosto, volta outra vez até lá e reencontra Dora Maar em Saint-Tropez, na casa de Lise Deharme, uma inspiradora dos surrealistas. Dali os dois vão a Mougins e não se deixam mais. Mougins é uma bela aldeia na montanha, não longe de Cannes, onde tomam banhos e fazem refeições. Nesse verão, enquanto a Espanha se dilacera, a França se extasia com as férias pagas, recentemente promulgadas pela Frente Popular. Mas as praias do sul da França ainda não estão atulhadas e os amigos não esperaram as novas leis sociais para passar dias juntos em Mougins e em Cannes. Lá estão Paul Éluard e Nusch, o poeta René Char, o pintor Max Ernst, o fotógrafo Man Ray, o *marchand* Paul Rosemberg, o editor Christian Zervos e um inglês original que escreve, pinta e coleciona quadros, Roland Penrose, que será um dos primeiros biógrafos de Picasso. Um dia, Pablo está voltando de Cannes no carro deste último, que é abalroado por um outro veículo. As vértebras do pintor sofrerão por algum tempo com esse choque.

Dora e Pablo voltam juntos a Paris. Eis agora Picasso às voltas com três mulheres, uma esposa e duas amantes. Dora está mais ou menos a par da situação. Marie-Thérèse também, sem dúvida, o que não a agrada muito, mas ela não se revolta. Há muito está instalada numa vida clandestina com um amante que não a abandona e permanece assíduo junto dela e da filha, mesmo depois que ela trocou Paris, onde não gosta de viver, por uma propriedade em Tremblay-sur--Mauldre, perto de Versalhes, posta à sua disposição pelo bom Vollard. Quanto a Olga, ela não pode ignorar por muito tempo a presença de Dora na vida do marido, pois essa nova ligação não é de modo algum dissimulada. Agora que não vivem mais juntos, e podendo protelar o divórcio, ela não exige sequer que seja efetuada legalmente a separação de corpos... Na verdade, Marie-Thérèse tomou o lugar da esposa, mas uma esposa amada, regular, apaziguadora, com sua filha Maya, que o pai adora e vê pelo menos todo fim de semana. Dora desempenha o papel da amante, numa relação mais passional, intelectualmente mais cúmplice: não é ela a única das que foram companheiras do pintor que compreende realmente seu trabalho, seu ímpeto criador? Ela é que o levará, em 1º de janeiro de 1937, a visitar seu velho amigo Max Jacob que, após um parêntese de libertinagem parisiense, retirou-se outra vez no mosteiro de Saint-Benôit-sur-Loire. Max alegra-se com essa visita, feliz por não ter sido abandonado por aquele que considera como um irmão e que ele ainda ama intensamente.

Dora representa também a entrada da política na vida de Picasso, a quem solicitam fazer a cortina de cena da peça de Romain Rolland, *Le 14 Juillet*, montada simbolicamente no teatro Alhambra, em Paris, no dia mesmo que lhe dá o título, para celebrar a primeira festa nacional da jovem Frente Popular. Por falta de tempo, ele se contentou em oferecer um guache que não chega a ser uma ilustração política, mas que se pode interpretar como uma alegoria das lutas revolucionárias, embora seja o mais puro resumo da temática singular de seu autor: o cadáver do Minotauro, vestido com uma roupa de arlequim, é levado por um monstro meio homem, meio águia, enquanto no segundo plano um homem, coberto por uma pele de cavalo, carrega nos ombros um rapaz com uma coroa de flores na cabeça. Um Minotauro-arlequim: que belo autorretrato metafórico!

Mas seu país continua sendo a Espanha, e ele sofre ao vê-lo dilacerado.* De maneira espontânea, natural, é a favor da *Frente Popular*, da democracia, do povo, da liberdade. E pensa na mãe e na irmã (Lola, mãe de cinco filhos, é viúva), que ficaram em Barcelona. Não demora muito em fazer saber de que lado está: no outono de 1936, é nomeado diretor do Museu do Prado, cargo que não recusa, embora não o assuma e nem sequer vá até lá. De todo modo, o museu está vazio,

* Referência à Guerra Civil Espanhola (1936-1939), conflito que opôs republicanos e franquistas, sendo que estes últimos, liderados pelo general Francisco Franco, saíram vitoriosos. A guerra, de repercussão internacional, envolveu diversas camadas da sociedade espanhola e arrasou grande parte da Espanha – chegando a destruir muitas cidades. (N.E.)

as telas foram retiradas para escapar dos bombardeios que chovem sobre a cidade. Em troca, sendo isso mais de sua competência, aceita sem reserva realizar uma grande tela para o pavilhão espanhol da Exposição Universal que se realiza em Paris no verão de 1937 e aproveita para fazer uma série de gravuras violentamente satíricas, *Sonho e mentira de Franco*, nas quais mostra que não esqueceu o *Ubu-Rei* de Alfred Jarry. Acompanhadas de um poema de sua autoria, essas gravuras compõem um álbum que será vendido durante a exposição em apoio à república ameaçada. Ele é também o presidente de honra do comitê França-Espanha.

Dora entra na vida de Picasso, e Sabartés, um pouco amargamente, sai. A vida do amigo é muito complicada e ele se sente sobrando na Rue La Boétie. Dora não vê nenhuma razão para que Sabartés permaneça agora que duas jovens empregadas se encarregam da "casa" do pintor, isto é, da cozinha e da limpeza do apartamento (pois nem pensar que alguém mexa no seu ateliê!). São duas irmãs que trabalhavam no hotel onde Pablo e Dora se hospedaram em Mougins e que Picasso trouxe consigo. Uma delas, Inés, permanecerá por muitos anos a governanta do pintor. Quando este, um pouco pressionado por Dora, decide em março de 1937 instalar seu ateliê na Rue des Grands-Augustins, na *rive gauche*, a alguns passos de Saint-Germain-des-Près, ela o acompanha a esse belo prédio onde viveu Nicolas Poussin e no qual Balzac teria se inspirado para situar a ação de sua *Obra-prima desconhecida*. Ali, melhor do que na Rue La Boétie, ele vai dispor do espaço necessário para pintar uma obra de envergadura, à altura das circunstâncias que a provocam. É um apartamento duplex, mas não dividido como os dois apartamentos precedentes, dos quais, aliás, não se separou. Aqui, sendo o único a decidir, pode deixar proliferar a desordem sem a qual parece não poder viver. Há duas grandes peças, no andar inferior, que logo adquirem o aspecto de depósito, e, no andar de cima, o ateliê e um apartamento de artista solteiro, espaço privado no qual vive, à sua maneira desordenada, esse homem cercado de mulheres, mas que não aceita que nenhuma lhe imponha sua lei. Morando na Rue de Savoie, Dora será sua vizinha.

Picasso não gosta muito de encomendas; mas, dessa vez, tem as mãos inteiramente livres. O desafio não é pequeno: mostrar que ele é mesmo o maior pintor espanhol contemporâneo, o porta-voz da Espanha republicana em luta. Fora de questão, obviamente, recorrer a uma obra já realizada e aumentá-la (ou fazer realizar esse trabalho por um artista menos célebre que ele). É preciso pintar um grande quadro que seja do grande Picasso, ao mesmo tempo que uma grande pintura de história. Houve o *Dos de Mayo* de Goya, *La liberté guidant le peuple* [A liberdade guiando o povo] de Delacroix... É preciso pintar algo que seja igualmente forte, pessoal e pictórico. Entre cubismo e classicismo, ele é um pintor do íntimo, da sensibilidade individual, pouco voltado aos grandes temas, nunca buscando passar uma mensagem qualquer, pintando para si mesmo como se escrevesse um diário, ele gosta de dizer, não temendo ser o pintor de uma pintura autobiográfica, tecida principalmente por seus amores, seus prazeres e suas inquietações. Portanto, é somente dentro de si que pode buscar os sinais com que fará o quadro pedido.

Passa o mês de abril e Picasso ainda não começou. Tem bastante confiança em si e sabe que não é uma questão de tempo. É preciso que algo surja, é preciso que ele encontre. Procurar, isso não tem sentido, como ele gosta de dizer também, o que importa é encontrar. E ele encontrará. A atualidade, se podemos dizer, vem em seu auxílio. Ela tem o nome de Guernica. Guernica é uma cidadezinha do país basco, relativamente pacífica nesse tempo de guerra civil, embora esteja a apenas trinta quilômetros do *front*. Situada numa região ainda controlada pela *Frente Popular*, não possui grande interesse estratégico; os aviões de Franco e de seus aliados não buscaram até então bombardeá-la. Há uma fábrica que produz material militar e duas casernas, mas elas não parecem preocupar a aviação alemã, que ignora esses três alvos até 26 de abril de 1937, uma segunda-feira.

Nesse dia, no meio da tarde, quando há muita gente na rua, todos os sinos tocam para anunciar que um ataque à cidade é iminente. De fato, poucos minutos depois uma esquadrilha de aviões, que a suástica permite identificar como alemã, a sobrevoa, despejando bombas e metralhando todos os que não têm tempo de se proteger. Durante três horas outros bombardeios se sucedem, destruindo o centro da cidade e fazendo 1.654 mortos e 889 feridos. A notícia rapidamente percorre o mundo, estarrecido ante um tal massacre de civis ao qual não se pode reconhecer nenhuma justificação militar. Mais tarde se saberá que a aviação nazista serviu-se de Guernica como campo de experiência a fim de mostrar seu poderio e sua determinação, à custa de uma cidade que foi outrora a sede do Parlamento basco.

Em 30 de abril, Pablo Picasso vê fotos da cidade mártir no jornal *Le Soir*. Profundamente chocado pelas imagens dessa barbárie, ele sente enfim brotar o impulso necessário à realização da tela que em breve deve entregar. Como sempre, é a mão que precede o pensamento. Já no dia seguinte surge impetuosamente uma série de desenhos nos quais aparecem, num ambiente dos mais dramáticos, suas figuras familiares, o cavalo e o touro, acompanhadas de uma mulher portadora de luz que já fora vista em obras anteriores. Rapidamente ele passa para a tela, elaborando estudos, depois encomendando uma muito grande para o ateliê da Rue des Grands-Augustins. Devendo realizar uma decoração mural, ele precisa cobrir uma ampla superfície, e oito metros de largura não serão demais. Felizmente dispõe do espaço necessário, com a ressalva de que, não sendo o teto bastante alto, a tela terá que ficar inclinada. Mas não é isso que vai detê-lo. E pouco importa se precisa ficar de cócoras para pintar a base do quadro. O conforto nunca é um problema para ele quando a pintura o motiva... Em 11 de maio, um primeiro esboço é desenhado diretamente na tela. O quadro estará terminado em 4 de junho.

Picasso já pensou que seria interessante fotografar as diferentes etapas da criação de um quadro a fim de registrar suas metamorfoses sucessivas. Isso teria pouco interesse se ele concebesse com precisão o quadro antes de pintá-lo. Mas Picasso está sempre se aventurando a partir de uma ideia inicial, é verdade, mas que se transforma ao longo do tempo em função do movimento da imaginação e dos problemas plásticos encontrados. Dora encarrega-se de fotografar os diferentes estados a título de documento, e é graças a ela que podemos ter uma ideia do que foi a realização dessa grande obra histórica que Picasso pintou em pouco mais de um mês e que tem o nome de *Guernica.* Curiosamente, ele, que não gosta de mostrar, nem mesmo aos amigos, o trabalho em curso no ateliê, dessa vez não hesita em fazer intervir vários participantes. Enquanto trabalha nesse quadro, e para não deixar nenhuma dúvida sobre sua posição política, redige (com a provável ajuda de Paul Éluard) uma declaração que é publicada num jornal americano e na qual afirma seu "horror à casta militar que mergulhou a Espanha num oceano de dor e de morte", que bombardeou o Prado, assassinou o poeta Federico Garcia Lorca e da qual um dos representantes, o general Millán Astray, não hesitou em bradar "Morte à inteligência!".

Guernica, audaciosamente, é um quadro em preto e branco.

> Guernica é preto, escreve Jean-Louis Ferrier, como as manchetes dos jornais da época que dizem ao homem da rua, preto no branco, sua terrível verdade. É preto, cinza e branco como os filmes de atualidades e as fotos do front de Biscaia transmitidas por belinógrafo, de trama tão contrastada que ferem o olhar antes mesmo que se tenha identificado a imagem.[3]

A composição, muito plástica, ordenada, harmoniosa, é forte, monumental, como convinha a uma decoração mural numa tal circunstância. É claramente figurativa, violentamente expressiva, com uma intensidade dramática que vai além do fato da atualidade, mostrando o que há nele de universal e de atemporal. A cidade é apenas simbolizada numa arquitetura elementar de fundo de cenário. Nada mostra uma Guernica real. Não se veem aviões, nem bombas. A única arma é uma espada quebrada, na mão de um homem caído no chão em primeiro plano, de olho ainda aberto. À esquerda, uma mãe segura um filho morto (a julgar pela maneira como sua cabeça cai para trás), berra de dor diante de um touro majestoso, tranquilo. Do outro lado, o duplo dessa mãe ergue os braços ao céu. Diante dela, uma terceira mulher, parcialmente ajoelhada, de rosto menos atormentado, estende-se em direção à dupla luz de uma lâmpada elétrica no teto e de uma lamparina nas mãos de uma quarta figura feminina, da qual somente aparece a cabeça, enorme. No centro, um cavalo parte em direção ao fundo do quadro e se volta, relinchando. Muitos serão os que tentarão decifrar esse conjunto de sinais, como se cada um devesse receber uma significação precisa; mas Picasso se contentará sempre em dizer que o cavalo é um cavalo, o touro é um touro, e que a força e a riqueza dos símbolos é que se pode interpretá-los amplamente. Alguns, no momento, gostariam de uma mensagem mais realista, de um engajamento mais claro. Criticam em *Guernica* seu estetismo, seu formalismo, mas todos os que compreendem um pouco a arte moderna, sabendo que não lhe cabe colar-se a uma informação, muito menos fazer-se instrumento de propaganda, percebem que Picasso produziu a mais formidável pintura de história que se podia então esperar. Assim essa obra-prima, surgida trinta anos depois de *Les Demoiselles d'Avignon*, é imediatamente considerada como o ícone da luta contra o fascismo. Durante muito tempo exposta em Nova York, *Guernica* foi restituída à Espanha em 1981. Hoje pode ser vista no Museo de la Reina Sofia, em Madri.

Pintar apesar de tudo

Pablo Picasso, com uma formidável mestria, fez o que prometeu: *Guernica* é um ponto alto de sua arte, alimentada do que foi outrora a experiência gráfica do cubismo desconstrutor e reconstrutor, rica também de toda a sua experiência pessoal, tal como se cristalizou nas figuras emblemáticas do cavalo, do touro e da mulher portando a luz nas trevas. Ele se superou. A revista de Christian Zervos, *Cahiers d'art*, assinala esse fato dedicando-lhe um número especial que conta com a colaboração de meia dúzia de autores, entre os quais Michel Leiris e o escritor espanhol José Bergamin. Sua importância é também reconhecida na exposição Os Mestres da Arte Independente, organizada dentro da Exposição Internacional de Artes e Técnicas, em maio de 1937, e na qual é representado por cerca de trinta obras. No entanto, longe de ocupar um lugar de honra, ele aparece no mesmo nível que artistas de menor importância.

A seguir ele retorna a uma vida e a uma arte mais comuns, a temas mais pessoais. Pelo menos aparentemente: se pinta mulheres em lágrimas que têm o rosto de Dora Maar, é porque vê assim essa mulher na qual a alegria não é a maior das qualidades. O retrato das mulheres que ele ama é uma prática essencial de sua arte. Ao mesmo tempo em que pintava *Guernica*, não cessou, nos momentos de descanso que se concedeu em Tremblay-sur-Mauldre, de fazer retratos de Marie-Thérèse. Dora chora (mas nem sempre, mesmo em pintura) e, em 1937, não faltam razões para chorar. Assim *A mulher que chora* é mais do que o retrato-caricatura de uma companheira pouco alegre, é também um eco, embora num estilo diferente, das quatro mulheres de *Guernica* – uma imagem da Espanha ferida, da dor, desse luto que é preciso portar quando, como escreveu Michel Leiris nos *Cahiers d'art*, “tudo o que amamos vai morrer”.

Em Mougins, no verão, onde novamente se instalou com Dora e o galgo afegão Kazbek, o sucessor de Elft, ele pinta outras figuras de mulheres menos dramáticas, retratos das que estão junto dele, Dora, evidentemente, mas também Nusch, pois os Éluard também voltaram a Mougins, e Lee Miller, uma bela mulher, ex-manequim, fotógrafa, americana como seu amigo Man Ray e futura esposa de Roland Penrose (estes dois também estão presentes). No quarto de hotel que lhe serve de ateliê, ele as pinta "de cor", como diz, deformando seus traços até o limite da semelhança, misturando visão de frente, visão de perfil, e vestindo-as de trajes imaginários. A pintura, a amizade, a praia... é assim que ele gosta do verão, à beira do Mediterrâneo. Ali se recarrega, realimenta sua espantosa vitalidade. Ali exalta seu prazer de pintar que, no bom humor desse tempo de férias, combina seu humor com uma particular desenvoltura.

Um outro pintor, este vindo do Norte, encontrou na luz do Midi a cúmplice indispensável de sua pintura: Henri Matisse, o rival de Picasso no início do século, instalou-se em Nice, onde permanece fiel a uma prática serena da pintura, que exclui toda dramatização e celebra, graças a modelos bem escolhidos, um culto sensual da feminidade. Eles nunca foram realmente amigos, tiveram mesmo algumas razões de inimizade quando rivalizavam junto a Gertrude e Leo Stein. Viram-se pouco durante todos esses anos, durante os quais ambos se tornaram célebres, mas conservaram sempre a estima um pelo outro. Reconhecem-se mutuamente como grandes pintores, talvez os dois únicos que de fato contam numa época em que a moda é de uma figuração mais ou menos medíocre, de imaginário surrealista e de abstração. Matisse é grande porque "traz um sol na barriga", teria dito Picasso alguns anos antes ao crítico de arte Tériade. Ele, Picasso, também traz um sol na barriga, mas com uma boa parte de sombra. Ele inveja Matisse por ser tão sereno, indiferente, ao menos em pintura, aos pesos da vida cotidiana e às desordens do mundo. Matisse quer pôr apenas felicidade em sua pintura e oferecê-la aos que amam sua arte. Já Picasso põe-se em pintura tal como é, com suas alegrias e suas dores, seus fantasmas e suas inquietações. Ele não teme surpreender, perturbar, provocar. Picasso, próximo de Matisse na celebração de Marie-Thérèse, afasta-se dele quando se inclina para Dora. No entanto, é ela quem o leva a ver o velho rival em Cimiez, nas colinas de Nice, várias vezes durante esse verão, quando se estabelece entre os dois uma nova relação, feita mais de estima e de confraternidade do que de amizade. No outono ele aproveita uma viagem à Suíça, onde acompanha seu filho Paulo, doente, para visitar um outro pintor que evita o drama em sua obra, Paul Klee, que ficou conhecendo uns dez anos antes, por ocasião da exposição surrealista organizada na galeria Pierre. Entre suas duas mulheres e seus dois humores de pintor, entre a alegria sensual e a inquietude dramática, Picasso oscila, vivendo plenamente uma contradição em consonância com a conjuntura histórica: hesitando, como o mundo, entre a paz e a guerra, o horror e a esperança. Por mais que seu humor seja frequentemente sombrio e não domine uma angústia profunda, Picasso está de acordo com Matisse num ponto essencial: é na vida que se deve sempre ter confiança, é nela que se deve apostar, e a vida é a pintura, o impulso da criação, a incoercível força da arte. O pai pinta agora sua filha Maya, que não é mais um bebê, mas uma garotinha, que aperta preciosamente contra o peito seus brinquedos, uma graça de menina que ele ama com um amor imenso. Mas aparecem também galos, que uma mão de mulher se prepara para degolar ou que se esganiçam em trágicos cocoricós.

No mês de março de 1938, Barcelona é duramente bombardeada por aviões italianos. Pablo mais do que nunca se inquieta pela mãe, pela irmã, pelos amigos que não deixaram a Catalunha. Enquanto isso, Hitler se apodera da Áustria sem mesmo entrar em guerra. Na Espanha, a situação piora cada vez mais. E agora há a ameaça de uma outra guerra, europeia.

Picasso apoia financeiramente os republicanos espanhóis, mas contra Hitler não pode nada. Quanto a um terceiro conflito, pelo qual é inteiramente responsável, o que opõe Marie--Thérèse e Dora, ele se abstém de tomar partido, nada fazendo para extingui-lo. As duas mulheres se encontram, insultam-se e decidem por bem ou por mal disputar o amante. Este, por sua vez, aproveita um encontro casual para se reaproximar de Sabartés que, como sabemos, deixara tristemente a Rue La Boétie, ferido pelo comportamento um tanto covarde de seu amigo empregador. Na primavera, os dois se veem na rua em Saint-Germain-des-Près, dão-se um caloroso abraço: na euforia do reencontro, o pintor convida o velho companheiro a visitar o ateliê da Rue des Grands-Augustins, que ele não conhece. Como Sabartés parece não ter pressa de comparecer, Picasso manda-lhe um recado para marcar um encontro, preciso, com um terceiro cúmplice de juventude, Paco Durrio. O ex-jornalista acaba aceitando retomar o serviço junto ao pintor, que necessita mais de um homem de companhia do que um secretário. Sabartés compreende que Picasso, apesar das duas amantes (mas nenhuma vive com ele na Rue La Boétie, onde ainda tem seu domicílio), é um homem só que não gosta de estar sozinho. Sua amizade pelo pintor chega até o devotamento, e no outono, tendo Pablo e Dora voltado de Mougins, Sabartés está diariamente junto do mestre e amigo, no apartamento da *rive droite*, no ateliê da *rive gauche* ou, na hora da pausa, nos cafés e restaurantes de Saint-Germain.

Dora se interessa agora mais pela pintura do que pela fotografia. Trocou seus aparelhos por pincéis. É para sentir-se mais próxima de um amante que a mantém prudentemente à distância? Com certeza ela também lamenta não inspirar ao pintor imagens de mulheres mais pacíficas. Pois ele acabou por multiplicá-las, terríveis e monstruosas. E não é ela que cuida dele, no começo do inverno, quando fica imobilizado devido a uma dor ciática, é Sabartés. Picasso também pinta naturezas-mortas austeras, dramáticas, nas quais retorna uma cabeça de touro – o Minotauro decapitado. Ou então diverte-se em caricaturar o amigo como fidalgo de um outro século. Também grava muito: em Montmartre, no ateliê Lacourière, onde surpreende os artesãos por sua arte de desafiar as regras; na Rue des Grands-Augustins, para onde trouxe a prensa que estava em Boisgeloup e onde ele está agora totalmente instalado, muitos trabalhos tendo sido realizados sob o olhar atento de Dora, que supre a ausência total de interesse de Pablo pelas questões materiais. Ele dispõe de uma sala de banhos e de aquecimento central, mas nem por isso convida a amante parisiense a morar com ele. Muito menos Marie-Thérèse, que há muito compreendeu que devia se contentar com as visitas que ele lhe faz em Tremblay-sur-Mauldre, onde passa momentos mais tranquilos do que em Paris, trabalhando numa pintura mais serena.

Durante o mês de janeiro de 1939, marcado por uma exposição de 33 naturezas-mortas recentes na galeria Paul Rosemberg, duas más notícias sucedem-se com poucos dias de intervalo. Primeiro, a da morte de Maria Picasso y Lopez, a mãe de Pablo; depois, em 26 de janeiro, a da tomada de Barcelona pelas tropas franquistas, que imediatamente acabam com a autonomia da Catalunha e impõem o castelhano como língua nacional. Dois meses mais tarde, a queda de Madri põe fim à guerra civil e uma ditadura severa toma o poder na Espanha. O campo da democracia na Europa se restringe, sobretudo depois de a Tchecoslováquia ser brutalmente anexada à Alemanha por Hitler. A probabilidade de uma guerra não cessa de aumentar e a pintura de Picasso registra esse endurecimento do clima internacional: em seus quadros, as mulheres são mais do que nunca sofredoras, desarticuladas, metaforicamente torturadas. Uma de suas pinturas, representando um gato que devora um pássaro, aparece como uma nova imagem da crueldade absoluta. Que pode fazer um pintor em tais circunstâncias a não ser pintar? A não ser viver, afirmar com força, aconteça o que acontecer, a pintura que é a própria vida? Picasso tomou uma decisão importante: ele não retornará à Espanha enquanto a democracia não tiver sido restaurada. A Espanha, por sua vez, tomou uma decisão por ele: ele não poderá se divorciar, pois a Igreja, aliada de Franco, fez abolir o divórcio que a república legalizara. Restava-lhe a possibilidade de renunciar à nacionalidade espanhola, mas ele nem pensa nisso: Pablo Picasso nasceu e continuará sendo espanhol. Mesmo tendo que continuar casado com Olga.

Seria o último verão antes da guerra? Alguns acham que sim, e não são os pessimistas mais inveterados. O melhor então é aproveitar. Ir ao sul, ao sol, às praias do Mediterrâneo. Nesse ano, não mais Mougins, mas Antibes, onde Man Ray dispõe de um apartamento vago e no qual se instalam Pablo e Dora. Ali, melhor do que em Mougins, estão perto do mar e dos amigos: Roland Penrose e Lee Miller, entre outros, e Sabartés, que vem juntar-se a eles. Pablo gosta de tê-lo junto de si, entrega-lhe novos poemas a datilografar, faz longas caminhadas com ele. Sabartés, o amigo devotado, é um pouco da Espanha longínqua ainda a seu lado. Dora o considera um pouco maçante, mas ele também não simpatiza muito com ela. Nem com ela nem com Marie-Thérèse, porque julga duramente a vida amorosa desse amigo que ele venera, embora nem sempre o compreenda bem. Picasso, como soberano, não leva em consideração os humores de sua corte. Tampouco busca resolver as próprias contradições. Ele reina. E é à ausente, Marie-Thérèse, que envia cartas de amor apaixonadas.

Uma outra má notícia perturba essas férias. Ambroise Vollard acaba de morrer num acidente de automóvel pouco comum: morto por uma estátua de Maillol que o atingiu na cabeça enquanto dormia no banco traseiro do veículo, quando o motorista precisou fazer uma brusca manobra ao volante. Picasso e Sabartés vão a Paris para o enterro e retornam rapidamente para assistir a uma tourada, em Saint-Raphaël. Esse é também um dos encantos do Midi: arenas e touros. Mas não é o bastante para fazer a felicidade de um homem que esse ano maltrata e que sente dificuldade de pintar. Pelo menos até que uma cena noturna o traga de volta, com todo o desembaraço que possui, a uma grande tela. Ele saiu a passear com Dora até o porto, numa noite de lua. Viram os pescadores, seus barcos na noite, os reflexos no mar, viram ciclistas, pessoas ociosas indo e vindo, tomando sorvete (é uma nova moda). Pablo Picasso, saindo de uma grande série de mulheres monstruosas ou feridas e de uma série de naturezas-mortas que lembram as *vaidades**, pinta um grande quadro de gênero: *Pesca noturna em Antibes*. Uma homenagem às noites e às multidões mediterrâneas. Uma obra que poderia também se chamar *Ainda um momento de felicidade*... e que, poucos dias depois, já se pode olhar com nostalgia: Stálin e Hitler assinaram em 23 de agosto um pacto de não agressão que deixa o ditador nazista de mãos livres na Europa. Como duvidar ainda da iminência da guerra? Pablo, Dora e Sabartés voltam a Paris, mas não se demoram na capital. Quando os alemães invadem a Polônia, forçando a declaração de guerra da França e da Grã-Bretanha, eles tomam a estrada, conduzidos como de hábito pelo motorista Marcel na Hispano-Suiza, e vão para Royan, longe de um *front* eventual. Por que Royan? Porque Marie-Thérèse já passou ali um verão com Maya. Dora, por sua vez, conhece essa elegante estação balneária junto ao oceano, onde passou várias férias, na juventude, com a mãe. Royan parece então um bom lugar para esperar o fim da guerra.

O importante, como sempre, é trabalhar. Improvisar um ateliê não é um problema para Picasso: onde quer que esteja, ele encontra constantemente o meio de desenhar, de pintar, mesmo tendo de garimpar nas lojas locais o material que não pôde, na pressa, trazer de Paris. Alguns lápis, um pouco de papel, tinta, nanquim podem lhe ser suficientes. O

---

* Categoria particular de natureza-morta, de alto valor simbólico e muito praticada no barroco, que convida a meditar sobre as vaidades do mundo diante da morte. (N.T.)

importante é trabalhar, mais do que produzir obras, quadros para os *marchands*, os colecionadores. Num quarto do Hôtel du Tigre, cujo nome evoca Georges Clemenceau, o político que soube dar à França a coragem de ganhar o conflito precedente, Pablo Picasso, à sua maneira, diz não à guerra. Ele pinta, divide-se entre Dora e Marie-Thérèse (que, não podendo ignorar sua presença comum em Royan, fazem de tudo para evitar se encontrar, o que não é muito fácil numa cidade pequena), brinca com Maya, passeia com Sabartés. Uma rápida ida a Paris lhe permite regular sua situação no país, diante de uma administração meticulosa que desconfia dos estrangeiros; em meados de setembro, retorna à capital por um período mais longo para se abastecer de material, pois não encontra em Royan o que precisa. Brassaï, encarregado pela *Life Magazine* de fazer uma reportagem sobre ele, aproveita para fotografá-lo no café Flore e no Lipp. Continua sua obra sem ruptura aparente, voltando a pintar suas duas mulheres à maneira violenta dos últimos tempos, ou então naturezas-mortas, outras *vaidades*, imagens da morte que há um ano o persegue mais do que nunca, cabeças de carneiro esfoladas, que comprou para seu cão. Enche vários cadernos, pinta algumas telas. Também escreve novos poemas, sempre à maneira surrealista. Sabartés, por sua vez, começa a redação de um livro de lembranças, um testemunho sobre o amigo que assumiu um lugar tão importante em sua vida. Agora está em posição melhor que a de qualquer outro para falar de Picasso, de quem é o confidente regular, anotando muitas de suas falas; mas que não se conte com ele para fornecer indiscrições sobre essa vida privada, não obstante rica em peripécias diversas.

Assim passam as estações dessa *drôle de guerre**, não tão engraçada assim e que acaba mal. Em novembro, no mu-

* Período sem combates durante alguns meses, após a declaração de guerra da França à Alemanha. A expressão significa "guerra estranha" ou "guerra engraçada". (N.T.)

seu de Arte Moderna de Nova York, e depois em Chicago, uma grande retrospectiva de seu trabalho, com cerca de 350 obras, faz dele a grande vedete da arte moderna. Nessa ocasião, a *Life Magazine* publica a reportagem fotográfica feita por Brassaï. Em janeiro, Picasso aluga um apartamento junto ao mar para transformá-lo em ateliê, ao qual as duas amantes nunca são convidadas. Ali pinta uma grande *Mulher nua penteando-se* particularmente monstruosa, imagem terrível que é menos de uma mulher que de um pavor íntimo, profundo, acompanhado da ameaça que pesa então sobre o mundo. Na primavera, passa com Dora cerca de dois meses em Paris, onde Yvonne Zervos, a mulher de Christian, que abriu uma galeria, expõe suas aquarelas e guaches. Ele tem assuntos a resolver na cidade, que se protege de eventuais bombardeios amontoando sacos de areia e apagando as luzes. Em Saint-Germain-des-Près, revê com prazer alguns amigos, entre os quais seu caro Paul Éluard. Reencontra Henri Matisse, e os dois comparam os generais franceses pouco competentes aos professores acadêmicos da Escola de Belas-Artes. Põe suas obras ao abrigo, num banco do Boulevard Haussmann. E pinta: mulheres e naturezas-mortas, peixes, crustáceos. Diz que sente falta de Royan, mas tem dificuldade de deixar Paris e só se decide quando o exército alemão, após atravessar a Bélgica, força a fronteira. As estradas da França são tomadas de refugiados que fogem diante do invasor. Royan, como tantas outras cidades na época, é excedida por uma tal afluência de população. Que outra coisa fazer senão esperar? Um mês depois, também os alemães estarão lá e a França, vencida, assina o armistício, confiando seu destino à colaboração e ao marechal Pétain. Um ano antes, era a Espanha que sucumbia à ditadura. Picasso olha Maya dormindo e a desenha em perfeita negação da dolorosa atualidade. Ficar em Royan? Voltar a Paris? Ir para Mougins ou Antibes, na zona não ocupada? Partir para o México ou a América, como outros artistas ou escritores? Ele poderia tomar um barco em Bordeaux. Sua celebridade seria seu passaporte. Mas sua casa é em Paris, e não são os alemães que vão tirá-lo de lá. Certo, ele é Pablo Picasso, mas, para os nazistas, é antes de tudo um representante célebre daquela "arte degenerada" que estigmatizam, também um antifranquista notório, e o melhor seria ficar o mais discreto possível. Mas Pablo Picasso não é homem de se esconder. No final de agosto, empreende o caminho de volta com Dora, Sabartés e o cão Kazbek. Marie-Thérèse e Maya continuam em Royan por algum tempo.

Paris está sombria. Salvo para os que decidiram tirar proveito da Ocupação. Picasso retoma seus hábitos, na medida do possível. Frequenta Saint-Germain-des-Près, onde o Lipp, o Flore e o Deux-Magots pouco perderam de sua animação. Lá pode encontrar, antes do toque de recolher, alguns dos amigos, embora muitos tenham partido na esperança de buscar noutra parte dias melhores. Kahnweiler teve a prudência de se esconder no Limousin [província no centro da França] com uma boa parte de seus quadros, os demais permanecendo na galeria rebatizada com o nome de sua nora, Louise Leiris, a mulher de Michel. Paul Rosemberg está em Nova York. André Breton, André Masson e Max Ernst também embarcaram para a América. Em troca, Leiris e Éluard são ainda parisienses. Dora Maar voltou à Rue de Savoie, enquanto Marie-Thérèse e Maya, de volta de Royan, encontraram um apartamento de aluguel não muilo longe, no Boulevard Henri IV. Assim Pablo poderá, como antes da guerra, passar os fins de semana com elas. Olga e Paulo estão ainda na cidade, antes de partir para a Suíça, onde esperarão o fim da guerra. Com o passar dos meses, a situação endurece e o ocupante, que a princípio tentou seduzir a população, deixa exprimir mais claramente sua verdadeira natureza. O melhor então é não se fazer notar, não ser judeu, não ter a reputação de ser um homem ou uma mulher simpatizantes dos "comunistas". Picasso sente que a Gestapo está de olho nele, o que ela própria procura dar-lhe a entender, sem contudo atentar contra sua liberdade. Se sua obra está proibida de ser publicamente exposta, nem por isso se reduz a uma inteira clandestinidade: basta ir à galeria Louise Leiris para ver seus quadros. Ou então passar no ateliê, como alguns alemães não hesitam em fazer, menos dogmáticos do que supostamente o seriam.

Ele tem a vantagem de não ser pobre, portanto de poder viver decentemente, continuando a trabalhar, o que sem dúvida não é dado a todos na circunstância. Embora as condições de trabalho não sejam as melhores, continua a pintar, a esculpir, sem poder mais testemunhar, como antes, o tempo em que vive. Consegue obter na medida do possível o material necessário, até mesmo bronze para fazer esculturas, quando o metal, nesses tempos de guerra, é requisitado para a fabricação de canhões. Um dia, tem mesmo a alegria de conseguir um estoque de papel do Japão, para gravuras. Incapaz de ficar desocupado, serve-se do que tem à mão: argila, gesso, arame, tintas industriais e tudo o que amontoa no fantástico bricabraque que fez Jean Cocteau batizá-lo de "rei dos trapeiros". Assim, ele esculpe uma cabeça monumental de Dora Maar, constrói numerosos objetos por *assemblage* de elementos diversos. Além disso, escreve. Seus começos nessa nova arte foram encorajadores: a partir do momento em que especialistas em modernidade literária como Éluard, Breton e Leiris apreciaram seus poemas, não é absurdo para ele considerar-se como escritor. Gosta sempre de encontrar caminhos novos, e a escrita, que não era dos mais evidentes que podiam se oferecer, agrada-lhe por diferir totalmente dos meios plásticos que há muito são os seus. Deixa-se levar por uma grande espontaneidade, com menos reflexão e lucidez do que em pintura, espantando-se com a palavra imprevista que brota dentro dele. A lógica e a gramática não o constrangem, como tampouco o constrangeu a regra do desenho acadêmico, e as palavras e as imagens se encadeiam como ele bem quer. Todavia, na escrita ele se comporta de um modo diferente do que em pintura, como observa com exatidão Antonina Vallentin:

A influência surrealista, que ele não quer reconhecer em seus quadros, domina sua poesia. Ele poderia facilmente pintar no papel o que traça em palavras: vizinhança de objetos, de sensações visuais separadas. Mas, ao pintar, teria submetido esses fragmentos descontínuos do real a leis pictóricas, que ele pode subverter mas que continuam existindo para ele. Ao escrever, deixa seu pensamento vagabundear, a associação de ideias reunir os elementos discordantes.[1]

Com a possibilidade de fazer de seus manuscritos espantosas páginas gráficas em cores, nas quais correções e acréscimos são também evidentes elementos plásticos.

O poema é certamente a forma mais natural de um tal desafogo, mas em janeiro de 1941, alguns dias após ter passado o *réveillon* com Paul Éluard e Nusch, Picasso surpreende-se a si mesmo a escrever uma peça de teatro. Ele a completa em quatro dias, e em francês! É *Le Désir attrapé par la queue* [O desejo pego pelo rabo], texto de uma franca fantasia colegial, na linha de insolente irrisão inaugurada por Alfred Jarry. O Pé-Grande, a Torta, a Cebola, a Angústia Gorda, a Angústia Magra, a Ponta-Redonda, os Totós e a Cortina mantêm diálogos destrambelhados ao longo de uma ação delirante, um pouco marcada pelas preocupações da época que são o frio e a dificuldade, por causa do racionamento, de se alimentar bem. Ele próprio, mesmo tendo aquecimento central, não consegue fazê-lo funcionar. E o aquecedor de seu ateliê consome demais o pouco carvão disponível. Quanto à boa comida, é preciso contar com os expedientes do mercado negro, ou então com a cumplicidade do restaurante próximo do ateliê, muito bem chamado Le Catalan, que não dá muita bola às restrições alimentares. O humor, essa grande virtude dadaísta, que os surrealistas só amavam realmente quando negro, não é a mais vã das reações que se pode ter em tempos de opressão. Ao menos é uma prova de saúde, uma forma de resistência moral. Os leitores amigos desse exercício literário o apreciam, não sem se surpreenderem mais uma vez com o talento original desse escritor amador. Sem dúvida, ele parece mais espontâneo na escrita do que na pintura, pois escreve sem preocupação com uma obra a realizar, com um renome a manter. Os desenhos, os quadros, as esculturas são menos leves e permanecem na linha dos trabalhos dos últimos anos: mulheres, naturezas-mortas (embora aqui apareçam, mais do que antes, gêneros alimentícios!), algumas paisagens também, vistas do Sena e de suas duas grandes ilhas parisienses. Mas com uma ponta de ironia que se pode captar como uma gargalhada sardônica: veja-se, por exemplo, essa *Criança com a lagosta*, de membros desarticulados, sexo pendendo acima de uma travessa de peixe, e cuja cabeça, simultaneamente de frente e de perfil, está mais para o burlesco do que para o efeito artístico.

Em 1941 e 1942, Picasso não tem grande impulso nem grande projeto. Sua vida está tranquila, entre Dora e Marie-Thérèse, numa cidade onde não existe mais boa vida, onde viver torna-se cada vez mais difícil, sob um regime de ocupação estrangeira cada vez mais rigoroso. Picasso se aborrece. Sabartés retomou sua função de secretário e Inés, recentemente casada, que voltou de Mougins para onde se retirara no começo da guerra, cuida do duplo apartamento da Rue des Grands-Augustins e de seu locatário. Instalada com o marido no mesmo prédio, ela está sempre presente, a serviço desse patrão por quem sente uma grande devoção e que lhe manifesta uma real ternura. A arte também adormece numa relativa repetição dos temas e do estilo.

Uma grande tela (de aproximadamente dois metros de altura e três de largura) destaca-se, *A alvorada* [*L'Aubade*], na primavera de 1942. A reação preparava-se já há algum tempo à força de estudos dedicados ao tema do nu deitado, do qual Manet, com sua *Olympia*, deu o exemplo mais perturbador da figuração moderna no século XIX. Uma mulher nua, muito pouco animada, está recostada num leito não desfeito, enquanto uma outra, vestida, segura um bandolim que ela visivelmente não toca. A alvorada é sem música, como a mulher é sem vida: pode-se ver aí uma ilustração do ambiente sufocante, mortífero, que maltrata então a França ocupada. Mas o importante está menos no tema do que no estilo: a distorção dos planos, que apareceu com *Les Demoiselles d'Avignon* e que foi o princípio do cubismo, é aqui praticada com um rigor e uma violência particulares, aprisionando as duas personagens numa rede triangular que as caricatura, geometrizando-as em excesso. Nunca Picasso foi tão longe na redução das formas percebidas em sinais que as denotam sem representá-las. É *Vênus escutando música* de Ticiano "transposta ao tempo do pior terror nazista com a tortura e a morte que espreitam"[2], escreverá mais tarde Pierre Daix. Vlaminck, que foi seu amigo de juventude e que é um dos que acham que a Ocupação não é uma coisa tão ruim para a França, pois ela o mereceu e pode ajudá-la a regenerar-se, não viu essa *Alvorada*, mas é certo que ela o teria confirmado nesta opinião que ele publica então no jornal *Comoedia*:

> Pablo Picasso é culpado de ter levado a pintura francesa ao mais mortal impasse, numa indescritível confusão. De 1900 a 1930, ele a conduziu à negação, à impotência, à morte.[3]

Escrever isso em junho de 1942 é uivar com os lobos.

Senhor da pintura moderna, Picasso atravessa esse período terrível da história fazendo o que tem a fazer e o que faz de melhor: pintura e escultura. Sem que assim pareça, ao abordar um tema gasto, pintou um grande quadro de história que diz muito sobre a dor do tempo presente. Pouco depois, provando que reencontrou seu dinamismo, sua ambição, ele empreende uma escultura cuja maturação, a partir dos primeiros desenhos, vai durar cerca de seis meses. É o *Homem com o cordeiro*, que, numa forma relativamente clássica, opõe-se à *Alvorada* como a vida se opõe à morte. Hitler, rompendo o pacto que o unia a Stálin, lançou suas tropas contra a União Soviética e, na França, os alemães invadiram a zona sul, até então submetida exclusivamente ao regime de Vichy. O controle da Gestapo, secundado pela Milícia, aumenta em todo o país, enquanto se desenvolve a Resistência, na qual os comunistas agora se engajam eficazmente. Portanto, a hora não é de otimismo, embora o desembarque dos Aliados na África do Norte lhes tenha dado ao menos um importante ponto de apoio no sul da Europa. Picasso refletiu muito, fez uma provisão de grande quantidade de argila, montou uma armação metálica e, quando se sente pronto, passa à realização, com sua maravilhosa desenvoltura. Assim toma forma, maior do que em tamanho natural, esse pastor simples, sereno, humano, como se pode ser segundo os critérios do humanismo, segurando firmemente nos braços um cordeiro que resiste a seu domínio. O realismo é impressionante, no entanto havia muito Picasso não via um pastor nem um cordeiro vivos, certamente desde Horta. Seu olhar, sua memória e sua mão fizeram um prodígio. Não sem dificuldade, pois a escultura desaba durante a montagem e só é salva graças à ajuda de Paul Éluard, felizmente presente no ateliê onde se refugiou para escrever, porque ali há um pouco de aquecimento. É que Pablo, graças a suas relações, dispõe de uma cota particular de carvão, com que beneficia também Marie-Thérèse e Maya. Assim, em menos de um ano, são mostradas as duas faces de Pablo Picasso, ora clássico, ora revolucionário. Para ir mais longe, provando que não se reduz a uma tão clara contradição, ele efetua, no início de 1943, um outro gesto formidável – o que o faz associar um assento e um volante de bicicleta para fazer deles uma *Cabeça de touro.*

Numa noite de maio desse mesmo ano, Pablo Picasso janta no Catalan com Dora Maar e Marie-Laure de Noailles. Um mês antes estava jantando ali com alguns amigos, entre os quais o escritor Leon-Paul Fargue, quando este foi acometido de um ataque de hemiplegia e Pablo precisou avisar a esposa do doente. Dessa vez o humor é mais alegre. Numa mesa vizinha, o ator Alain Cuny está sentado em companhia de duas belas mulheres que atraem a atenção do pintor. Ele as faz compreender pela insistência do olhar, mas também elevando a voz para se fazer ouvir. Casualmente, Alain Cuny não lhe é desconhecido. Em companhia de Jacques Prévert, já encontrou esse ator do filme *Les visiteurs du soir* [Os visitantes da noite] de Marcel Carné, lançado recentemente em Paris e do qual Prévert escreveu o roteiro e os diálogos. Pablo dirige-se a ele no momento da sobremesa, aproximando-se com um prato de cerejas e pedindo-lhe para apresentá-lo às duas mulheres. Surpreende-se ao ficar sabendo que Françoise Gilot e sua amiga Geneviève Aliquot são ambas pintoras, pois não reconhece nelas marcas do ofício, e como estas, à guisa de confirmação, dizem-lhe que expõem atualmente quadros na Rue La Boétie, ele as convida para visitá-lo em seu ateliê. O que elas fazem alguns dias mais tarde, descobrindo com surpresa a desordem na qual vive e trabalha o pintor: um vestíbulo cheio de plantas e pássaros, depois, numa peça, uma mesa e duas bancadas cobertas de um monte de objetos diversos, jornais, livros, velhos canapés, cadeiras Luís XIII, violões, bandolins, roupas, calçados, um crânio de bronze, um bloco de ametista; numa outra peça, que serve de ateliê de escultura, o *Homem com o cordeiro*, cabeças de mulheres, um cristo espanhol policromo do século XVI e quadros espalhados aqui e ali, obras de Matisse, Vuillard, Modigliani e do *doaunier* Rousseau. Após subirem uma escada em caracol, elas encontram Picasso no primeiro andar, em companhia de meia dúzia de pessoas, num ambiente devoto, mas ele se mostra cordial com elas e as convida a voltar. Pouco depois ficam sabendo que ele foi ver sua exposição. Françoise decide voltar à rua des Grands-Augustins e leva Geneviève. Picasso, novamente muito atento, faz elogios sobre o que viu na galeria que visitou incógnito, mas onde todos o reconheceram. Mostra-lhes quadros que elas se espantam de ver instalados sem a ordem e as precauções que constumam ser impostas. Posteriormente, Françoise voltará sozinha ao ateliê desse pintor que a fascina e que ela percebe que se interessa particularmente por ela, embora sempre esteja cercado de muitos amigos e admiradores. Num dia de chuva, como ela chegou com os cabelos molhados, ele a leva à sala de banhos para secá-los ele próprio, antes de fazê-la visitar seu "museu", o que não é um pequeno privilégio.

Nessa pequena peça contígua ao ateliê de escultura, ela vê um pé de estátua egípcia, uma mão da ilha da Páscoa, um bronze do *Copo de absinto* [*Verre d'absinthe*, escultura de Picasso de 1914], outros pequenos bronzes fundidos a partir de originais em madeira, teatros em miniatura em caixas de charutos... Picasso aproveita esse momento de intimidade para beijá-la na boca. Curiosamente, dizendo-se decepcionado pela pouca resistência, ele não insiste. É só depois de algumas outras visitas que, tendo-a convidado a subir até uma pequena peça junto ao telhado para fazê-la admirar a vista, ele se aventura um pouco mais longe, tocando-lhe os seios. Mas logo chegam as férias e Françoise parte para o Midi, onde decide romper com os pais, burgueses convencionais, anunciando-lhes que deseja doravante dedicar-se à pintura. Instalando-se então na casa de uma avó cúmplice, ela não volta a ver Picasso antes do mês de novembro. Ele a convida a visitá-lo num momento mais calmo, quando Sabartés não esteja, nem os visitantes que geralmente o aborrecem, mas cujo movimento cotidiano lhe é necessário para colocá-lo em forma antes de trabalhar. Picasso dará aulas de gravura a Françoise.

Na primeira aula, a aluna particular, de modo nenhum intimidada, apresenta-se num vestido de veludo preto com gola branca, e seu professor observa que não é um traje adequado para fazer gravura, ao que ela responde que não foi pensando na gravura que se vestiu desse modo. Ele lhe mostra então uma centena de águas-fortes realizadas nos anos trinta para Vollard e faz desfilar sob seus olhos faunos e minotauros, acrescentando essa reflexão, relatada por Françoise Gilot: "O Minotauro não pode ser amado por ele mesmo"[4]. Depois, leva-a para o quarto, despe-a, observa-a, coloca-a sobre seus joelhos, deita-se junto dela, muito doce, toma-a nos braços. Assim foi a primeira lição segundo as palavras da interessada, que mais tarde dedicará um livro a essa história de amor: *Vivre avec Picasso* [Viver com Picasso].

Picasso tem a reputação, de modo nenhum usurpada, de ser em geral bem mais ousado com as damas. É que ele não precisa estar apaixonado para interessar-se por elas, sobretudo quando elas lhe dão a entender que não esperam mais do que isso. Mas quando está apaixonado, e não é tão frequente, acontece outra coisa. Ele é mais delicado, fica mais comovido e, certamente, inquieto. Com Marie-Thérèse não se mostrou paciente? Perturbado por Françoise, impressionado por sua juventude e sua maneira generosa de ir em direção a ele, evitou declarar-se imediatamente de uma forma leviana, procurou saber sobre ela mais que o que ela lhe dizia. Brassaï já a conhecia, por intermédio do professor de pintura que ela tivera, um artista de origem húngara como ele próprio, e conhecera também sua família. Seu testemunho tranquiliza Pablo, que tem agora três mulheres em sua vida, ou mesmo quatro, se contarmos Olga, mais distante que as outras três, mas que permanece presente e com quem ele conversa, vê de vez em quando, enviando-lhe seguidamente cartas de recriminação. Marie-Thérèse, como se viu, está solidamente instalada em sua vida, e além disso há Maya... Mas Dora, o que fazer de Dora? Romper com ela? Picasso não gosta de romper, e a questão de uma escolha entre ela e Françoise não se coloca. É a vantagem da vida de solteiro: nenhuma favorita estando instalada em casa, ele tem liberdade de ação. E a vida em tempo de guerra já é bastante difícil para complicá-la ainda mais com problemas íntimos. Bom observador do que se passa entre Françoise e Pablo, Brassaï diz que ele está

> fascinado e subjugado por essa boquinha um pouco amuada, esse nariz reto, essa pinta na bochecha, esses amplos cabelos castanho-claros soltos ao redor do rosto, esses olhos verdes muito abertos e assimétricos, essas sobrancelhas arqueadas, esse corpo de adolescente de cintura fina, mas já com as curvas de mulher...[5]

A situação continua incerta apesar da entrada dos americanos na guerra, e a Ocupação é cada vez mais terrível. Com seus mortos, seus torturados, seus deportados, seus clandestinos. Paul Éluard, como comunista lógico, passou para a clandestinidade, onde fundou o Comitê Nacional dos Escritores e desafia a censura com as Éditions de Minuit. Michel Leiris, vizinho de Picasso na Rue des Grands-Augustins, oculta em sua casa Laurent Casanova, um dos líderes do Partido Comunista. A Gestapo está sempre nas imediações do ateliê, e é apenas em razão de uma certa benevolência ou indulgência das autoridades alemãs que ela poupa Picasso, o qual conta também com algum apoio na Chefia de Polícia de Paris, onde alguns, pondo em risco a vida, tentam atenuar ao máximo os rigores da Ocupação. Alguns alemães mostram interesse por seu trabalho, como o escritor Ernst Jünger, que lhe faz uma longa visita, durante a qual decidem que entre os dois poderia ser declarado imediatamente o armistício.

A crer no testemunho de Arno Breker, escultor oficial da Alemanha nazista e então em Paris, foi graças à sua intervenção que Picasso escapou da Gestapo. Para esta última, que o considera suspeito de ser pelo menos moralmente cúmplice da Resistência, ele é uma encarnação do diabo e se inclui entre aqueles artistas que tiveram algumas de suas obras, com outras provenientes de coleções parisienses, queimadas num auto de fé. Jean Cocteau (ele próprio afirmou) é que teria pedido a Breker para usar sua influência. Pelo menos uma razão prevalece, dirá o escultor: Picasso é demasiado célebre para que sua detenção não provoque um escândalo. Seus amigos Max Jacob e Robert Desnos tiveram menos sorte. Max, detido em Saint-Benoît-sur-Loire, morre no campo de concentração de Drancy, em 5 de março de 1944. Cocteau também interviera a seu favor e o poeta, judeu convertido, ia ser libertado quando uma pneumonia o matou. Desnos, um dos surrealistas mais originais e menos dogmáticos, é deportado no mesmo momento. Morrerá de tifo no campo de concentração de Theresienstadt, na Alemanha.

Resistir. Seja como for, conservar o moral, manter a confiança. Acreditar na força dos exércitos aliados. Compreender que o poderio nazista se desfaz aos poucos e esperar. Buscar o apoio mútuo com os amigos que ainda estão por perto. O humor, recomendado pelos dadaístas e os surrealistas, não é um mau remédio e, como Picasso deu um belo exemplo com seu *Desejo pego pelo rabo*, Michel Leiris, em 19 de março, organiza em sua casa uma leitura da peça com uma espantosa equipe de participantes. O anfitrião e a mulher, obviamente, fazem parte. Ao lado deles intervêm Dora Maar, Simone de Beauvoir, Albert Camus, Jean-Paul Sartre, Raymond Queneau e alguns outros, diante de um público de cúmplices reunidos para rir e homenagear o autor imprevisto. Georges Braque, Pierre Reverdy, Jacques Lacan, Valentine Hugo, Brassaï e o indefectível Sabartés também não faltaram a essa noitada histórica. Quanto a Françoise, ainda não fazia parte do grupo; mas *O desejo pego pelo rabo*, que título para qualificar seu amante sexagenário!

Rir é resistir ao desespero. Amar é dizer não à guerra. Pintar é viver. O homem que ri, que ama e que pinta, é um homem livre que escapa à história. Pablo Picasso, nesse ano de 1944, vive de pintar, de rir e de amar. Pinta naturezas-mortas, retratos, até mesmo algumas vistas de Paris, ele que é tão pouco paisagista, mulheres também, especialmente em sua toalete, como um eco às de Degas, mas torturadas, desmembradas, uma carne mais sofredora do que oferecida, mais assustadora do que atraente. É seu modo de inscrever nas telas um tempo dramático? Talvez. Mas ele não esperou a guerra para pintar essas megeras disformes. E no fundo do seu humor nunca faltou violência. Aqui, é menos o tema que importa do que a pintura, menos os corpos do que a elaboração de formas, linhas e cores, das quais eles são o pretexto. Um modo também de se opor à pintura bonita, aos encantos da pintura tal como foi louvada tanto pelos defensores do academismo quanto pelos do impressionismo. Desde *Les*

Demoiselles d'Avignon Picasso não cessou de lutar contra a pieguice, de pôr em questão a ideia mesma de beleza. E a história, de uma guerra à outra, deu razão a ele contra a utopia modernista que acreditava possível um mundo harmonioso e pacificado. Mas isso desde que não se abandone inteiramente o sonho de uma felicidade tranquila, nem o fascínio pela beleza no que ela tem de mais clássico: aquele que sabe melhor que ninguém exprimir a violência de seu século tem também, de vez em quando, seus momentos de harmonia, de devaneio estético. O fantasma de Jean-Dominique Ingres vem às vezes visitá-lo no ateliê. É verdade, porém, que nesse momento ele se mostra mais discreto, e mesmo a beleza tão jovem de Françoise tarda a aparecer em suas telas. Maya, por sua vez, alimenta pelo menos a doçura de pintar contra a qual a maior parte da obra de Picasso se insurge com insolência. E é junto dela, de Marie-Thérèse também, sempre com sua presença tranquila, paciente, disponível, nada exigindo do que não lhe é oferecido, que ele se refugia quando Paris se transforma em campo de batalha, no qual se enfrentam libertadores da capital e alemães que não aceitam facilmente a derrota. É ali, no Boulevard Henri IV, que ele vive as últimas horas de humilhação da cidade, prestando homenagem a Poussin e celebrando Pã, o deus da força vital.

Comunista e *superstar*

Durante a guerra, Picasso resistiu, pintando. Atravessou o tempo da Ocupação sem mudar seus hábitos, recebendo alemães em seu ateliê quando não podia fazer de outro modo, mantendo ao mesmo tempo sua amizade com alguns que se envolviam na Resistência. Não abandonou a pintura pela clandestinidade, mas de modo algum pactuou, e, na Paris libertada, é visto como o triunfo da arte moderna sobre a barbárie. É festejado, coroado de uma glória que não buscou, visitado como um monumento histórico. Ernest Hemingway, escritor-soldado, sai do Ritz, onde tem seu quartel-general, e, não o encontrando, deixa-lhe de presente uma caixa de granadas. O fotógrafo Robert Capa, são e salvo do desembarque, o fotografa, e muitos outros soldados norte-americanos tentam, junto a Sabartés, uma oportunidade de aproximar-se dele. Françoise Gilot chega a ver alguns dormindo na escada! Amigos saem da sombra na qual se esconderam, aureolados do prestígio de uma outra coragem, como Paul Éluard, mais fraternal ainda e com uma ideia na cabeça: levar Picasso para o Partido Comunista, onde ele próprio se juntou a Louis Aragon. Outros, ao contrário, gostariam que um pouco de sombra lhes permitisse fazer esquecer que não foram exemplares. Pablo reencontra também o filho Paulo, um jovem de 23 anos, que retorna da Suíça. Muitas moças, segundo Pierre Cabanne, o procuram, pedindo apenas para se deixar seduzir. Uma delas, ainda colegial, apresenta-se sem segundas intenções, desejosa de uma entrevista para o jornal de sua escola. É bonita, inteligente e diz gostar de poesia. Pablo mostra-lhe desenhos, gravuras, convida-a a voltar, demonstra em relação a ela uma afeição amistosa, sem bancar o Minotauro. Oferece-lhe chocolate e prepara-lhe chá. Ela se chama Geneviève Laporte.

Picasso entrou para a história com *Guernica,* e esse grande quadro, retrospectivamente, afigura-se profético: vale tanto para a Segunda Guerra Mundial quanto para a guerra da Espanha; no momento em que desmorona o império nazista, ele é a imagem da necessária passagem do horror à esperança. É preciso construir um mundo melhor em que tais horrores não sejam mais possíveis, portanto fundado sobre valores novos. O Partido Comunista, que conquistou seus títulos de honorabilidade na Resistência, vai de vento em popa, atraindo a simpatia, quando não a adesão, da maior parte dos intelectuais, dos escritores então importantes na França, ou que pelo menos se exprimem publicamente. Em 5 de outubro de 1944, *L'Humanité* anuncia orgulhosamente na primeira página: Pablo Picasso acaba de aderir ao Partido Comunista. Éluard, que colaborou para isso, alegra-se. Outros se surpreendem, conhecendo o egocentrismo do pintor e sabendo que nada tem real importância para ele a não ser sua obra. Há aí provocação da parte de um homem que nunca aceitou enquadrar-se na ordem social, da parte de um artista cuja arte se desenvolveu chocando os convencionalismos. Há também um engajamento real, um modo de barrar toda tentativa de recuperação, toda glorificação fundada numa má compreensão de seu trabalho. É ainda um meio de zombar de Franco, sua *bête noire* espanhola, e de mostrar aos compatriotas que ficaram no país, ou exilados como ele, que não há que transigir com o regime do caudilho. O engajamento político de Picasso, na Libertação, é uma consequência de seu engajamento artístico, como ele afirmará três semanas mais tarde em *L'Humanité*:

> Minha adesão ao Partido Comunista é a consequência lógica de toda a minha vida, de toda a minha obra. Pois, tenho orgulho de dizer, nunca considerei a pintura como uma arte de simples ornamento, distração; pelo desenho e pela cor, pois eram essas as minhas armas, quis penetrar sempre mais fundo no conhecimento do mundo e dos homens, a fim de que esse conhecimento nos liberte cada dia mais. Procurei dizer, a meu modo, o que considerava como o mais verdadeiro, o mais justo, o melhor, e era naturalmente sempre o mais belo: os maiores artistas sabem isso bem.

Revolucionário ele sempre foi, mas "esses anos de opressão terrível" fizeram-no compreender que o combate na arte não é suficiente, e ele acrescenta:

> Então fui para o Partido Comunista sem a menor hesitação, pois no fundo estava com ele havia muito tempo...[1]

Ele encontrou uma família, no Partido estará entre seus irmãos. Não é por certo sua maneira ordinária de se exprimir, e Laurent Casanova deve tê-lo ajudado, mas ele assume plenamente que essas palavras não são feitas para agradar colecionadores, os quais, na Europa e na América, raramente são tentados pela perspectiva de um regime comunista. Mas que não venham pedir a Picasso para ler Marx e Engels, nem para pregar a boa palavra aos operários, nem para mudar sua pintura e ilustrar as lutas do proletariado, ou para celebrar o culto da personalidade do camarada Stálin! Aliás, alguns comunistas não deixam de se inquietar com a entrada desse lobo decadente e individualista em seu aprisco. Não será visto nas reuniões de célula e ninguém o criticará por isso, mas ele comparece pelo menos uma vez, divertindo-se ao constatar que o secretário daquela de que é membro é o carvoeiro que lhe entrega em casa o carvão.

Logo após tornar-se pública essa adesão espetacular ao Partido Comunista, inaugura-se em Paris o Salão de Outono, primeira grande manifestação artística depois dos anos de chumbo, quando a guerra ainda está longe de ter acabado. Picasso, que sempre se manteve distante dos salões de arte, é homenageado com 75 pinturas e cinco esculturas que testemunham seu trabalho dos últimos anos e entre as quais figuram *A alvorada* e *Cabeça de touro*. Embora alguns jovens excitados se manifestem ruidosamente na exposição, isso apenas reforça seu impacto.

Retorna a paz, a vida retoma seu curso normal. Gertrude Stein e Alice Toklas também estão de volta a Paris. André

Malraux, de uniforme, visita o ateliê de Picasso em 15 de maio de 1945, em presença de Brassaï, Éluard, Nusch e Françoise. A longa conversa entre eles (que se parece mais a um monólogo), retranscrita em *La Tête d'obsidienne* [A cabeça de obsidiana], ocupará um lugar importante nessa obra de Malraux publicada uns trinta anos mais tarde. Os *marchands* também se reanimam e as exposições recomeçam. Kahnweiler, sempre fiel, embora chocado pelo engajamento político de seu pintor preferido, pode novamente colocar-se a serviço de uma obra que a galeria Louis Carré, a qual permaneceu aberta durante a Ocupação, também representa agora. Picasso é um astro, contestado, porém indiscutível. Anarquista em arte e comunista em política, o paradoxo pouco lhe importa, e a agitação nova em torno de sua pessoa não lhe vira a cabeça. Os acontecimentos não arranharam sua solidez, e ele pode enfim, de novo, trabalhar em melhores condições, sem se inquietar por Maya, que ele vê afetuosamente crescer e que está muito feliz de conhecer seu meio-irmão mais velho.

Françoise ocupa agora o primeiro lugar na vida de Picasso e Dora sai de cena. Quando a conheceu, esta última era uma mulher frágil, de caráter perturbado, de humores instáveis, com uma forte tendência à melancolia. Ela nunca deixou de ser a "mulher que chora" e não é junto dele que poderia ter-se tornado mais forte. Ele deu a ela apenas o que podia dar, isto é, ele mesmo tal como é. Mais exatamente, Picasso não é homem que se dê, exceto à sua arte, e isso desde sempre. Ao contrário, ele toma, sempre toma. Serve-se das que ele ama e que o amam para alimentar sua experiência de homem, de pintor. Transforma as mulheres que passam em sua vida em quadros, em esculturas que se tornam mais importantes que seus modelos. Dora aceitou Marie-Thérèse que a precedia, e da qual compreendeu que possuía um *status* particular. Ela, pelo menos, era a favorita, a amante com quem Picasso se mostrava, a companheira oficial, mesmo se não partilhava sua casa. Tão logo adivinhou que tinha uma outra rival, nova e muito mais perigosa, sentiu ciúmes. Mas não fortes o bastante para lutar, ou partir. Permaneceu dominada, infeliz, mas sempre disponível, esperando sua hora. E isso a tornou insuportável. Picasso, como se viu, não gosta de tomar decisões, sobretudo se é o caso de romper com uma mulher para esclarecer uma situação que pesa mais a ela que a ele. E, se acontece de as duas rivais se enfrentarem, ele evita intervir. Comparecer com Françoise ao *vernissage* de uma exposição de Dora na galeria Jeanne Bucher, em abril de 1945, não lhe parece inconveniente, e foi preciso que alguns amigos comuns o impedissem para evitar um drama. Pablo afasta-se de Dora e tenta afastá-la de si, sem romper claramente, mas deixando-a durante quinze dias sem nenhuma notícia. Talvez ela compreenda... Mas o caráter de Dora se deteriorou, a ponto de surgirem distúrbios mentais caracterizados: depressão, delírio, complexo de perseguição, e não é possível abandoná-la. O doutor Jacques Lacan, conhecido outrora junto aos surrealistas, é chamado à cabeceira da enferma. A análise lhe será mais proveitosa do que enfrentar eletrochoques. Pablo não a abandonará, assim como não abandonou Olga, e a leva, no verão, ao Midi, que ele está feliz de revisitar e onde compra, em Ménerbes, uma casa que oferece a ela. Um presente de rompimento, de certo modo. Ele gostaria que Françoise o encontrasse em Golfe-Juan, mas esta, sem pressa de responder a seu capricho e não querendo dividi-lo com Dora, prefere abster-se. Não ceder a todos os caprichos de Picasso não é uma tática ruim...

A paz é também o momento de fazer as contas, de avaliar toda a medida do horror. Picasso pinta *O ossário* [*Le Charnier*], antes mesmo, dirá, de tomar conhecimento do inimaginável, da realidade dos campos de concentração. Roland Penrose descreve assim esse quadro:

> Um monte de seres humanos mutilados, amarrados e putrefatos desabou sob uma mesa onde estão colocados recipientes vazios de comida e de água.[2]

O realismo não é aqui mais nítido do que em *Guernica,* e nenhum detalhe associa à guerra que acaba de findar essa pintura atemporal, harmoniosa, mais elegante do que assustadora, de uma segurança mais plástica do que expressiva – o que frustra ainda mais os novos amigos comunistas do pintor, quando a veem na exposição *Art et Résistance*. Outros, ao contrário, julgam que aos 65 anos ele domina perfeitamente seu tema e permanece de posse de um grande estilo que pertence somente a ele. Os que temiam vê-lo prejudicado pelo comunismo se tranquilizam: Picasso continua sendo Picasso, mais e melhor Picasso do que nunca. Foi o que se viu também na exposição da galeria Louis Carré, no mês de junho.

A hora, para ele, é novamente de harmonia. Como a França na paz reencontrada, Picasso desperta para uma vida nova, sob o signo de Françoise, que, em pouco mais de dois anos, tornou-se necessária a ele. Em maio, corta sua célebre mecha, agora muito branca. Mas o que ele pode ainda inventar em pintura? Abrir novos caminhos? Viver novas aventuras? Repetir-se não é o seu forte, como tampouco contentar-se em aprofundar seu trabalho, sua experiência, melhorar passo a passo o que já conquistou. Ele precisa inventar, descobrir, surpreender-se, e, se a pintura não lhe propõe um novo impulso, uma nova técnica lhe permite ir adiante. Mais de uma vez já conheceu grandes momentos de gravura e se fez mestre da água-forte. No outono de 1945, a litografia aparece como o novo campo de aventura que ele necessita. Essa técnica de gravura já antiga, e que fez muito pela reputação de Honoré Daumier, permite uma grande maleabilidade gráfica, pois o artista desenha ou pinta na pedra como o faria numa folha de papel, podendo facilmente corrigir um primeiro gesto.

Durante quatro meses, Picasso vai quase diariamente ao ateliê de Fernand Mourlot, um excelente artesão que se tornou grande mestre da litografia em cores. É o fim do desfile de visitantes na Rue des Grands-Augustins, e Sabartés, o guardião do lar, não deve dizer a ninguém onde se encontra o ausente. Picasso está feliz, como uma criança com um brinquedo novo. Sente-se bem entre os operários, gosta dessa colaboração com artesãos junto aos quais é um aluno atento, capaz de aprender tudo deles, mas que logo subverte as regras tradicionais. Como fez com Julio González, seu amigo morto em 1942, quando este lhe ensinou a soldagem do ferro. Não lhe basta servir-se da litografia como de um meio de reprodução de seus desenhos e guaches, ele quer acossá-la em seus redutos, obrigá-la a fazer o que ainda não fez. Ele precisa brincar. Precisa inventar.

Assim Françoise, que ele pouco representou até agora, aparece, ainda discretamente, em meio a numerosas naturezas-mortas. Depois aparece em pintura, na primavera de 1946, como *Mulher-flor*, na verdade mais flor do que mulher. É o momento em que ela se instala com Pablo na Rue des Grands-Augustins, para o grande prejuízo de Sabartés, que vê seu papel de mordomo um pouco abalado pela presença de uma dona de casa. Esse quadro gracioso, despojado, de um simbolismo elementar, não se assemelha a nenhum dos que Picasso pintou antes. É realmente uma flor, uma nova primavera, uma leveza nova. Os amantes retornam de Golfe-Juan, onde passaram alguns dias e onde Picasso fez questão de visitar Matisse (e há algo de Matisse em *A mulher-flor*, pelo menos a tentação de uma arte encantadora como a do velho rival). Como se o impetuoso e atormentado Picasso invejasse a calma, a serenidade do mestre de Nice. É verdade que ele é mais selvagem, mais cruel ou desenvolto. Assim, em sua primeira lua de mel após três anos de ligação, ele leva Françoise a Ménerbes, na casa de Dora, justificando que pode fazer isso porque deu a casa a Dora e esta lhe empresta. Também lê a Françoise as cartas que lhe envia Marie-Thérèse, com quem nunca interrompeu uma troca epistolar amorosa! Pablo provoca a amante, avalia sua resistência, testa sua afeição. O soberano ama a devoção. Mas Françoise não é dócil. Um dia, ela abandona Ménerbes a pé, decide pegar carona, escapar desse homem impossível... Abandoná-lo, a ele? Marcel, o motorista, sempre por perto, pega o carro e leva Pablo no encalço da fugitiva, que é reencontrada. Os amantes se reconciliam.

Pablo, decidido a domesticar essa égua selvagem, não duvida que conseguirá. Quanto a Françoise, depois desse rompimento malogrado, ela sabe a intensidade do amor dele, mas também que terá de batalhar para não ser diminuída como Marie-Thérèse, nem arruinada como Dora. Por enquanto eles partem para o cabo de Antibes, aonde a amiga e colecionadora Marie Cuttoli os convidou e onde reencontram Paulo, agora um jovem um tanto perdido, que vive em farras. O sol, o Mediterrâneo, a amizade, o amor restabelecido deixam Picasso feliz, e ele faz da praia de Golfe-Juan um salão onde recebe amigos e desconhecidos, mas aos quais concede audiência, como a Georges Tabaraud, o redator-chefe do jornal comunista local, no começo do que será uma longa amizade. É ali que entra em contato com Romuald Dor de La Souchère, curador do castelo Grimaldi, junto às muralhas de Antibes. Esse professor de bela aparência, que se destacou na Resistência local e que também é membro do PC, salvou o monumento instalando nele um museu de arqueologia. Uma obra de Picasso seria bem-vinda, se este aceitasse oferecer uma. O pintor tem uma ideia melhor quando vê as paredes nuas do castelo: fazer do local um ateliê para pintar grandes obras que poderia deixar ali, sem, no entanto, pelo menos por ora, doá-las. Dor se alegra, vendo assim animar-se a bela moradia dos Grimaldi sob a mão mágica do mais imprevisto dos príncipes encantados. Picasso trabalha com afinco no castelo até o mês de novembro, multiplicando desenhos e respondendo, quarenta anos mais tarde, à *Felicidade de viver* de Matisse, que tanto chocou o Salão dos Independentes de 1906. Há pouco material para artistas, mas Tabaraud pôde obter nos canteiros de obras, graças a amigos operários membros do PC, chapas de madeira e de fibrocimento que o pintor utiliza na falta de telas, e é com tintas industriais que Picasso pinta um grande afresco que ele chama *Antipolis*, do nome grego de Antibes, "a cidade defronte", mas que logo é batizado de *A alegria de viver* [*La Joie de vivre*]. O'Brian faz a seguinte descrição dessa obra:

> ...no meio das colinas azuis, tingidas de preto para realçá-las, cabras e bodes, com rostos humanos sorridentes, dançam, num solo dourado e ao som da flauta de um centauro, com uma criatura azul, ambígua, que escalou uma elevação púrpura, enquanto uma espécie de mulher-flor dá cambalhotas no meio, com o sol prisioneiro de seus cabelos, e um barco voga no azul do mar.[3]

O centauro, aqui o herói da festa, é um irmão, menos dramático, mais elegíaco, do Minotauro. Essa grande obra apaga o tempo da guerra ao produzir um eco solar a *Pesca noturna em Antibes*, que ele pintou num último verão de paz, junto a Dora.

Os esforços feitos por Pablo para ser um homem tranquilo são frustrados por aquilo que um mau roteirista chamaria o destino. Primeiro, é Gertrude Stein, a cúmplice do tempo das *Demoiselles*, que desaparece no mês de julho. Em seguida, é Nusch, a bela companheira de Paul Éluard, que morre repentinamente, atingindo Paul em pleno coração, assim como Pablo, que não gosta que morram perto dele, que tinha estima e amizade por Nusch, que se aproveitou ou não dos encantos que ela oferecia generosamente com a cumplicidade do marido. A coruja recolhida em Antibes era de mau agouro? Embora supersticioso, Picasso não culpa os animais, de que gosta de estar cercado e que domestica com um talento raro: a coruja, lavada de toda suspeita, tem seu lugar na pintura. E a notícia de que Françoise está grávida faz triunfar a vida. Claude, terceiro filho de Pablo Picasso, nasce em maio de 1947. O pai está satisfeito, e o pintor, lisonjeado de que um museu nacional se interesse enfim por ele. Desde mais de quarenta anos que vive na França, onde se tornou o mais célebre dos pintores, nenhum reconhecimento oficial lhe fora concedido, nenhum quadro lhe fora adquirido pelo Estado.

Jean Cassou, escritor que teve importantes responsabilidades na Resistência francesa e que é o curador do novo Museu de Arte Moderna, nascido paradoxalmente e timidamente sob a Ocupação, gostaria de comprar-lhe alguma coisa. Picasso recusa vender o que quer que seja e... doa doze obras importantes, entre as quais *A alvorada.*

A litografia absorve ainda boa parte de sua energia, mas deixando-lhe tempo para escrever uma segunda peça de teatro, *Les Quatre petites filles* [As quatro meninas], surgida de um movimento menos impulsivo que *O desejo pego pelo rabo*, pois nela trabalhou durante vários meses, mas também exemplar pelo recurso ao inconsciente que os surrealistas chamaram de "escrita automática". Paralelamente, uma nova paixão se apodera dele, uma nova aventura: a descoberta de uma nova técnica. Em Vallauris, quatro quilômetros acima de Golfe-Juan, conheceu Suzanne e Georges Ramié, em seu ateliê de cerâmica Madoura, onde se divertiu em modelar rapidamente algumas pequenas figuras, faunos e touros.

Durante o verão de 1947, ele está de novo no Midi, pai de família cercado dos filhos, pois Maya e Paulo estão nas imediações (mesmo se Olga, sempre considerada sua "esposa oficial", o atormenta, com ciúmes da felicidade que ele partilha com Françoise, que tem quarenta anos menos que ela). Em 26 de setembro (Georges Tabaraud, que agora faz parte de sua guarda próxima, anotou com precisão a data), retorna a Vallauris, onde constata que suas modelagens do ano precedente foram cozidas. Decide imediatamente conquistar a arte da cerâmica, com a intenção, claro, não de seguir seus preceitos tradicionais, mas de reinventá-la. Ele conhece a modelagem, por ter feito escultura num momento ou noutro de seu percurso. Mas a cerâmica é um território desconhecido: ela deve submeter-se à prova do fogo, conservar a forma no cozimento e deixar o fogo dar-lhe as cores a partir de vernizes sobre tintas que, quando colocadas, são apenas latentes. Fora de questão para Picasso, como se presume, contentar-se com um simples trabalho de oleiro. Fora de questão também ser superficial, como tampouco o foi em escultura, em gravura, em litografia. Ele se envolve por inteiro, apaixonadamente, conquistando a estima dos operários que colaboram com ele. Aqui, mais do que oleiro, ele é escultor e pintor, inventor de formas e cenários, renovador de um artesanato estagnado e ao qual dá um novo brilho, que faz a felicidade de Vallauris. Um vaso, um jarro, um cinzeiro transformam-se em mulher, fauno, pomba, coruja. Os meses de verão não lhe bastam. Precisa voltar durante o inverno. Instala-se com Françoise na *villa* La Galloise, adquire também uma grande construção na qual monta dois ateliês, um para a pintura, outro para a escultura, e torna-se o senhor de Madoura, a empresa dos Ramié de repente transformada em lugar histórico da arte moderna. Dos fornos saem milhares de "picassos", e 150 peças serão expostas em Paris em novembro de 1948.

Os comunistas se alegram de ver seu grande pintor trabalhar numa fábrica (ou quase) onde faz surgir uma nova arte popular. Mas nem por isso a pintura e a gravura são esquecidas: para *Les Chant des morts* [O canto dos mortos] de Pierre Reverdy, grande poeta que participou da aventura cubista, ele grava ilustrações, retornando à água-forte e à ponta-seca. Na casa do editor Tériade, para quem os livros são lugares de encontro entre escritores e artistas, revê Braque, de passagem na região. Por mais que tenham se afastado muito na vida e na arte, entre os dois ainda resta bastante da antiga cumplicidade para que não se esqueçam. De vez em quando, ele também vai visitar Matisse, em Nice. E Paul Éluard continua sendo o amigo mais querido. É ele que o convence a dar mais uma prova de engajamento ao Partido Comunista, comparecendo ao Congresso dos Intelectuais pela Paz, que se realiza em agosto de 1948 em Wroclaw, na Polônia, onde os comunistas tomaram o poder no ano anterior por meio do pouco democrático "golpe de Praga".

Pablo pouco se interessa por viagens e por manifestações públicas, mas aceita interromper seu trabalho e tomar o avião pela primeira vez. Recebido como vedete, sobe à tribuna para lançar um apelo em favor do poeta chileno Pablo Neruda, perseguido em seu país. Tudo vai bem até que Aleksandr Fadeiev, presidente da União dos Escritores Soviéticos, pronuncia um discurso no pior jargão stalinista e trata Jean-Paul Sartre de "hiena datilógrafa". Picasso não deixa de manifestar seu desacordo. Esse congresso funda o Movimento pela Paz, que terá por tarefa atrair, numa grande campanha internacional e na esteira dos partidos comunistas, o máximo de "companheiros de estrada". Quando as diversas delegações se separam, Éluard e Picasso visitam o que resta do gueto de Varsóvia e dos campos de Auschwitz e de Birkenau. Pierre Daix, um jovem comunista que foi ele próprio deportado, os acompanha, passando-lhes informações que os oficiais poloneses evitam dar, por uma razão que lhes parece evidente: soviéticos e poloneses comunistas têm um problema com os judeus.

Enquanto nos países do Leste a doutrina é o realismo socialista, isto é, a ilustração admirativa das teses do marxismo-leninismo e a hagiografia de seus heróis, Pablo, que está longe de enquadrar-se sob tal bandeira, arrisca-se a ser visto pelos defensores da ortodoxia como um pintor burguês. Ele quer ser comunista, mas à sua maneira; se esta é paradoxal, ele assumirá o paradoxo. Ao contrário dos fazedores de cromos políticos, o pintor de seu tempo que ele mais admira é, ainda e sempre, Matisse, cuja exposição vai visitar no museu de Arte Moderna em Paris, na véspera do *vernissage*. Ali conversa com Lydia Delectorskaya, amiga do velho pintor, sobre a decoração na qual este trabalha para a capela do Rosário, em Vence. Matisse, sem ser religioso, vê uma proximidade evidente entre o elã religioso e o elã artístico, entre a fé e a beleza. Já Picasso, menos esteta e menos sereno, acredita numa superioridade da arte sobre as outras atividades e numa necessária autonomia que lhe cabe assumir em relação à História. Mais do que a atualidade, importa-lhe pintar mulheres-flores, ou seu segundo filho, ou sua mulher, novamente grávida, que ele representa sentada diante de um céu estrelado.

Uma menina, Paloma, nasce em 19 de abril de 1949. *Paloma*, em espanhol, significa pomba, e a pomba é a ave-símbolo da paz. Quando Louis Aragon lhe pede um desenho para o cartaz do primeiro congresso mundial dos partidários da paz (que será mais comumente chamado Congresso da paz), é uma pomba que ele escolhe, uma pomba que fará a volta ao mundo. Na verdade – e isso diverte Picasso –, essa pomba é um pombo, do qual fez alguns dias antes uma litografia no ateliê Mourlot. Aliás, ele não deixará de observar que o pombo é uma ave bastante tinhosa, e que a pomba não é senão um pombo um pouco mais gracioso que os outros. Pouco importa, e eis o símbolo do Espírito Santo cristão transformado em ícone da esquerda pró-comunista. O congresso é inaugurado em Paris um dia após o nascimento de Paloma. Mil setecentos e oitenta e quatro delegados, vindos de 67 nações, participam. Picasso mostra-se na tribuna, mas não toma a palavra.

Quatro anos depois do fim da Segunda Guerra Mundial, a paz está longe de estar assegurada num mundo dividido em dois pela conferência de Yalta. Os aliados de ontem manifestam entre si uma aberta hostilidade. No Leste, a União Soviética, Stálin e o império soviético. No Oeste, os Estados Unidos, o presidente Truman e uma Europa ligada economicamente a eles pelo plano Marshall e, militarmente, pelo Pacto Atlântico. Cada campo acusa o outro de querer a guerra. É verdade que os comunistas, certos de estar com a posse da verdade que fará a felicidade do mundo e sonhando com um reino planetário, começam por fazer reinar o terror em seu próprio país. Do outro lado, Harry Truman, presidente de um país que pratica entre seus próprios cidadãos, suspeitos de cumplicidade comunista, uma caça às bruxas, não hesita em declarar:

> Se, para a manutenção da paz no mundo, o emprego da bomba atômica se revelasse necessário, não hesitaríamos em utilizá-la [...]. Somos responsáveis pelo bem do mundo, queiramos ou não [...]. Duas guerras mundiais nos forçaram a ocupar o lugar que Deus nos destinava em 1919.[4]

Os mais lúcidos dos intelectuais europeus recusam escolher entre esses dois "blocos". A paz, nessa primavera de 1949, é um desafio maior, o que não impede que o Movimento da Paz seja uma máquina de guerra antiamericana manipulada pelos soviéticos, num momento em que o Exército Vermelho de Mao Tsé-Tung prepara-se para entrar em Shangai. Paul Éluard publica um poema de circunstância na primeira página de *L'Humanité*: "Irmãos, a União Soviética é o único caminho livre / Por onde passaremos para alcançar a paz". Por sorte, Picasso tem a cabeça mais fria politicamente. Importa-lhe mais ver pendurados no Louvre, numa pequena cerimônia íntima, e ao lado das obras de seus pintores preferidos, seus próprios quadros, os que ofereceu ao Museu de Arte Moderna. Picasso vê o poeta, o artista, como um ser associal, e sabe perfeitamente, até mesmo declara, que não há lugar para alguém como ele na União Soviética. Mesmo assim é utilizado quando Éluard e Aragon julgam isso necessário e útil ao Partido. Menos de dois meses após o congresso, em 12 de junho, Louis Aragon, em Oradour-sur-Glane, brande acima de uma multidão de comunistas e simpatizantes (a direita fez uma manifestação dois dias antes), como outros fariam com imagens de santos, um desenho de Picasso representando a cabeça de um jovem. Willy Ronis tira a foto. Os comunistas compreenderam que não se dita nenhuma lei a Pablo Picasso e que não há relação possível com ele senão ao preço de concessões. Eles têm muito interesse em tê-lo a seu lado para criticá-lo. Picasso é comunista, mas não tem fé. Tem fé apenas em sua arte, que é a pintura. É um homem livre.

E não é porque vive agora com uma companheira e dois filhos que passou a ser o que chamam um homem fiel: sua fidelidade, se existe, não implica exclusividade. Por que ele recusaria alguns prazeres passageiros quando não lhe faltam ocasiões? De vez em quando, desaparece de Vallauris, por pouco tempo, indo a Paris ou a algum lugar na costa. Pecadilhos, anedotas, que não o impedem de amar e de pintar Françoise e os filhos. Nada parece alterar a energia formidável que sempre manifestou, e essa nova vida longe de Paris, onde Sabartés e Inés continuam de guarda na Rue des Grands-Augustins, lhe faz bem.

A pintura, a escultura, a gravura, a cerâmica... Ele passa de uma a outra, sempre em atividade, saltando numa para repousar da outra. Nada lhe resiste, suas mãos transformam tudo em arte. Ele é o mais formidável alquimista de seu tempo. Não cessa de criar, como a criança de brincar. Mas existe algo mais: sua inquietude de artista o faz medir-se aos maiores, não tanto para se igualar quanto para se familiarizar com eles, penetrando-lhes os segredos, revisitando a obra deles à sua maneira – respeitosa e desenvolta. Em fevereiro de 1950, dialoga com Courbet e El Greco. Do primeiro, oferece uma nova versão das *Demoiselles du bord de Seine* [Senhoritas da margem do Sena], grande quadro voluptuoso de um pintor que também amava carnalmente as mulheres e abordava o erotismo sem má consciência. Do segundo, inspira-se em *O homem com a espada* para o *Retrato de um pintor a partir de El Greco*. O pincel é a espada do cavaleiro Picasso, não de triste figura, e que combate sem descanso não contra algum inimigo, nem mesmo por uma grande causa, mas simplesmente para ir até o fim e dar o melhor de si mesmo. Françoise também pinta. Não renunciou diante de Pablo, não é esmagada por ele, não o imita. Segue seu próprio caminho, e Kahnweiler a expõe. Ele lhe daria essa honra se ela fosse má pintora? Certamente não. E Pablo suportaria que ela fosse ridícula? Tampouco. No entanto ela sabe que, se as portas da galeria Louise Leiris se abrem para sua pintura, é porque é a companheira de Picasso...

Em Vallauris, ele vê mais pessoas simples do que artistas e intelectuais, o que lhe agrada. Sempre sentiu-se à vontade com as pessoas do povo, como em Gosol, em Horta... Torna-se amigo do barbeiro Eugenio Arias, que ele paga dando-lhe suas obras. Também cria afeição por uma cabra, ganha por Claude num sorteio, mas da qual Françoise prefere se desembaraçar; ele então a substitui por um animal criado pela junção de um cesto de vime, vasos de cerâmica e uma folha de palmeira, acrescentando-lhe, sob o rabo erguido, um sexo bem visível, formado de uma tampa de lata de conserva dobrada em dois. Com destreza e muito humor, mostra-se um escultor prodigioso, exaltando em três dimensões a arte da colagem de que foi um dos promotores. *A cabra* é logo acompanhada de uma *Menina pulando corda*, de uma *Mulher com carrinho de criança* e, um pouco mais tarde, de uma *Macaca* cuja cabeça é fornada por dois carrinhos ligados um ao outro, brinquedos de criança.

Vallauris é um teatro do qual Picasso, agora cidadão de honra, é a vedete. A aldeia, até então discreta, adquire uma celebridade mundial, habitua-se a ver-se fotografada na imprensa e a receber outras personalidades de renome, atraídas por esse estranho rei que gosta de vestir *shorts* e uma camiseta de marinheiro com listas azuis e brancas, quando não exibe orgulhosamente o torso bronzeado. Simples admiradores, ou mesmo curiosos, também vão até lá para vê-lo, e o ateliê Madoura beneficia-se com a multiplicação da clientela. No verão, na praia de Golfe-Juan, cercado de sua família de três ramos, esse patriarca juvenil atrai todos os olhares. Olga, testemunha de um passado distante, nunca está muito longe, lançando olhares sombrios ou frases pouco amáveis a Françoise. Mas, depois que se tornou avó, ela se acalmou um pouco. Há pouco mais de um ano Paulo teve um filho, e sua mulher, Émilienne, está grávida de novo. Marie-Thérèse e Maya, muito surpresa de descobrir a outra vida do pai, também estão presentes. Françoise, Claude e Paloma, claro, estão na primeira fila, e muitos amigos aumentam a corte desse rei bonachão que se mostra tão simples aos olhos de um público que ele fascina, embora este geralmente tenha dificuldade de levar sua obra a sério. Quando há uma tourada nas arenas da região, parte para lá com todo o séquito e, brilhando como embaixador da Andaluzia, rouba a glória aos touros e toureiros. Ele não esquece, e não quer que esqueçam, que é espanhol, que vive exilado na França e que seu coração bate mais depressa quando, em pleno sol, o brilho vermelho de uma muleta provoca o touro.

No entanto, nesse verão de 1950, o tempo não está bom na conjuntura internacional. Em 29 de junho, a Coreia do Norte pró-comunista invadiu sua irmã do Sul ligada aos americanos, e estes imediatamente decidiram intervir, para o prejuízo de Moscou e de seus fiéis. Portanto, mais uma vez a guerra, e com o risco de não se deter aí. As Cassandras do Movimento da paz tinham razão de se inquietar, mesmo que a responsabilidade do conflito seja apenas dos Estados Unidos. Como não teriam isso em mente os que, em 6 de agosto de 1950, assistem à homenagem que a municipalidade comunista de Vallauris presta a seu rei? Trata-se de inaugurar a estátua do *Homem com o cordeiro* oferecida à comuna por Picasso e instalada na praça principal. Laurent Casanova, de certo modo o ministro da Cultura do PCF, veio de Paris, como representante do Comitê Central, para pronunciar um discurso e desvelar a estátua aos olhos de uma multidão em festa, em meio à qual se distinguem Paul Éluard, Tristaz Tzara e Jean Cocteau.

Três meses mais tarde, Picasso não deixa de ir (mas com seu carro e seu motorista) ao terceiro congresso do Movimento da Paz, em Sheffield, na Inglaterra. Na tribuna, depois de contar que aprendeu com o pai a pintar pombos, e portanto pombas, ele explica, sem um propósito mais diretamente político, que é a favor da vida contra a morte e a favor da paz contra a guerra... Na verdade, ele marca presença mais do que participa, mas sua presença impressiona, no interior do congresso, onde é festejado como herói, e no exterior, onde muito se comenta sobre esse engajamento que não cessa de espantar. Longe dele qualquer tentação de bancar o homem político ou o intelectual que dá lições. Está ali porque lhe parece normal estar, mas, se tem algo a dizer, é na pintura. E *pintar* nunca é *dizer*. Ele exprime apenas o que tem no coração, nos nervos, tentando dar ao público imagens fortes. Segundo o testemunho de Claude Roy, já a partir do outono Picasso pensa em pintar algo relacionado aos acontecimentos da Coreia e, em janeiro de 1951, sua preocupação amadureceu bastante para que empreenda um quadro que chamará *Massacres na Coreia.* Um grupo de robôs armados parece pronto a disparar contra um grupo de civis desarmados. A alusão à atualidade não é mais precisa do que em *Guernica.* Kanhweiler, bom observador, vê mesmo aí a influência de uma história em quadrinhos sobre as façanhas de Ivanhoé que o pintor deve ter descoberto em *L'Humanité.* Exposto no Salão de Maio (do qual seu autor participa pela primeira vez, ele que sempre se manteve longe dos salões), esse grande quadro é bastante pouco explícito para decepcionar os dirigentes e militantes comunistas mais ortodoxos, que, em vez de Picasso, preferem cada vez mais artistas de um realismo mais afirmado, como André Fougeron, mesmo se se sentem obrigados a prestar-lhe uma homenagem pública no sindicato da Mutualité, depois que lhe foi concedido o Grande Prêmio Internacional da Paz.

Marcel Boudin, motorista e confidente há mais de quinze anos, utiliza para fins pessoais a bela Oldsmobile que o *marchand* americano Samuel Kootz ofereceu a Picasso para cativá-lo. Acidentado na estrada de Deauville, o carro fica inutilizado e seu condutor é imediatamente despedido. O mestre, zangado, não perdoa. Paulo, filho folgazão e sem emprego, mas apaixonado por mecânica (apesar de seu desejo de ser corredor de motociclismo, obedeceu às ordens do pai que não queria vê-lo arriscar a vida desse modo), toma o lugar de

Marcel, tirando da garagem a Hispano-Suiza, à qual logo virá juntar-se uma Hotchkiss. Em Paris, os apartamentos da Rue La Boétie não são mais que um guarda-móveis desocupado, agora objeto de uma requisição por causa da crise de moradia, e Sabartés providenciará a mudança. Como o duplex da Rue des Grands-Augustins, muito atulhado pelo artista, presta-se mal a uma vida de família, Françoise e os filhos também se mudam para um apartamento da Rue Gay-Lussac. Em realidade, o casal não vai bem. É visto aparentemente unido no casamento de Éluard, que desposa Dominique, sua nova musa, em junho de 1951, em Saint-Tropez; pouco depois, porém, Pablo retorna ao mesmo local acompanhado da jovem e bela Geneviève Laporte, a colegial que veio entrevistá-lo na Libertação, que retomou contato com ele após uma temporada no exterior. Transformada em amante, ela já se mostrou muitas vezes na Rue des Grands-Augustins. Mas Françoise não está disposta a deixar-se diminuir por um amante muito naturalmente polígamo. Não será a companheira complacente e dócil que ele deseja. Ela se defenderá melhor do que Olga e Dora. Mas há as crianças. E há Pablo, esse homem extraordinário que subverteu sua vida, esse velho monstruoso, talvez, mas genial, imenso, fascinante, maravilhoso, que, recebendo Charlie Chaplin em seu ateliê, numa noite em que jantaram com Françoise, Aragon e Sartre, pediu ao ator para fazer-lhe um número – e Carlitos foi até o banheiro, de onde trouxe duas escovas de dentes com as quais executou a famosa dança dos pãezinhos [do filme *Em busca do ouro*]... Pablo, esse homem de glória que Vallauris festeja por seus setenta anos e que, mais uma vez, vai ao congresso do Movimento da Paz, em Roma, aonde não voltava desde o tempo dos Balés Russos.

A guerra e a paz... A tensão internacional dá motivos de preocupação. A execução em Atenas do comunista Beloyannis, em 31 de março de 1952, provoca uma reprovação internacional unânime. Em 28 de abril, Picasso, em seu ateliê de Vallauris, põe-se a trabalho para realizar uma grande decoração na antiga capela que a municipalidade colocou à sua disposição para fazer dela um templo da paz. Ele multiplica os esboços, enche cadernos durante vários meses, depois resolve pintar dois grandes painéis (dez metros de comprimento, quatro metros e setenta centímetros de altura), que serão a seguir instalados um defronte ao outro. A guerra é a morte, um pequeno ser chifrudo numa espécie de carro fúnebre, cujos cavalos avançam pisoteando livros. A paz são mulheres, crianças alegres, um homem que escreve, um tocador de flauta e um outro cavalo que puxa uma charrua – de certo modo, uma nova versão de *A alegria de viver*. Picasso, como Matisse, tem sua capela, mas a dele é leiga e pagã. À simplicidade dominicana e incolor do pintor de Cimiez opõe-se a força lírica e colorida do pintor de Vallauris, que, ao assumir sozinho uma tal tarefa em sua idade, dá uma prova espantosa de vitalidade. É uma pena, porém, que o estado da capela não permita instalar ali essa dupla grande obra; mas ela mostra que Paul Éluard tinha razão ao proclamar, em *Les Lettres françaises*, que seu autor é "o mais jovem artista do mundo". Pouco depois, esse amigo fraterno e fiel, próximo há tantos anos, morre de um ataque cardíaco, em 18 de novembro de 1952. Transtornado, Pablo o acompanha ao cemitério Père-Lachaise, onde o Partido Comunista presta ao poeta uma homenagem espetacular. Aliás, não é junto de Françoise, mas de Geneviève, que ele encontra um reconforto dos mais efêmeros, pois esta, atingida também por um luto, retira-se por alguns meses em Auvergne, de onde só voltará para pôr um fim à ligação dos dois. Éluard foi *o poeta* para Picasso, mais do que Max Jacob, Guillaume Apollinaire, Pierre Reverdy, e não é Jean Cocteau, amizade mais antiga porém menos intensa, que pode substituí-lo. Tampouco Louis Aragon. Este, diretor de *Les Lettres françaises* no momento da morte de Stálin, em 6 de março de 1953, pede para seu jornal um desenho a Pablo que, como bom e esforçado comunista, cumpre com elegância a tarefa. Mas seu Stálin é jovem, sem a imponência que convém ao "pai dos povos", e o Partido, escandalizado, caciques e militantes de base chocados em sua fé, recusa o desenho. O caso tem grande repercussão. Aragon, criticado, dá explicações confusas. Quanto a Picasso, que em breve será escaldado ao tomar conhecimento de algumas realidades soviéticas até então bem dissimuladas, fica muito irritado por tanta incompreensão e estupidez. Não, ele não zombou de Stálin, e são tolos os que pensam assim. O Partido não é realmente a família que ele acreditava ter encontrado logo após a Ocupação.

Até mesmo Françoise critica seu desenho. Sua ligação com ela, que já dura quase dez anos, vai mal. Vivem cada vez mais distantes um do outro, afetiva e geograficamente também, não estando sempre juntos em Paris ou em Vallauris. Abandonada, ela conheceu Kostas Axelos, um filósofo exilado da Grécia, que se diz disposto a viver com ela. Geneviève, evidentemente, não é uma amante com a qual se abra para Picasso uma grande perspectiva, e a jovem tampouco parece ter ilusões. Mas que importa o futuro! Se ao menos ela estivesse ali, agora, quando tem necessidade dela. Ele se sente só. Passam os meses, volta o verão em Vallauris, com o sol, o mar, os filhos, os amigos, o trabalho nos grandes ateliês, as touradas e duas estadias em Perpignan, onde reencontra amigos de outrora, como Totote Hugué, a mulher de Manolo, viúva há oito anos e agora acompanhada de uma sedutora filha adotiva, Rosita. Em Vallauris, no ateliê Madoura, trabalha agora uma moça, Jacqueline Roque, de 27 anos, a mesma idade de Geneviève, e bonita. Mãe de uma menina, acaba de separar-se do marido. Ela é fascinada por Pablo, com uma admiração absoluta que o enche de satisfação. Então, já que Françoise decidiu deixá-lo...

O velho leão

Triste é o Natal de 1953 em Vallauris, sem a presença de Françoise. Picasso, célebre, festeja essa festa familiar como pai solteiro, com os quatro filhos. A corte está incompleta e o rei, melancólico. Não lhe agrada viver sem mulher. Françoise é a primeira a deixá-lo. Portanto, ele não é mais todo-poderoso, talvez esteja envelhecendo. Com Geneviève ele sabe que a coisa não podia durar, que há demasiado senso de liberdade de ambos os lados. Felizmente há Jacqueline, aguardando sua hora. Mas nada ainda é certo. O próprio Picasso está hesitante. Por que deveria perder uma para ter a outra? Por que não teria uma verdadeira família que, não importam os obstáculos, continuaria sendo uma família? Então, como de hábito, ele se exprime no seu diário – em pintura. Em 29 de dezembro, pinta *A sombra*, um homem à contraluz avançando em direção a uma mulher estendida, ele próprio, seguramente, no quarto de La Galloise – quadro do qual dirá a David Duncan que é um adeus a Françoise, quadro que tem um perfume de Matisse. Logo em seguida, um *Nu no ateliê* também faz alusão ao pintor de Cimiez. Picasso, portanto, conserva a duplicidade, olhando de soslaio em direção ao velho amigo. Doce devaneio... Mas que não se pense que ele é apenas a sombra de si mesmo. Em outros quadros, manifesta sua afeição pelos filhos mais jovens, Claude e Paloma. E desenha sem parar tudo que lhe vem à cabeça, figuras de seu repertório, palhaços, saltimbancos, acrobatas, macacos – e mulheres nuas, evidentemente. Impõe-se, cada vez mais insistente, o tema do pintor e seu modelo, mas o pintor é velho, obeso, ridículo diante da beleza voluptuosa, objeto de desejo que se adivinha inatingível. O pintor é um macaco, é um palhaço. O velho rei Picasso zomba de si mesmo. Ele é lúcido e a lucidez já é um contraveneno: quem ri de si mesmo é mais forte do que aparenta ser. Picasso sabe pelo menos que a pintura não o engana e que enquanto ele viver estará à sua disposição, ao mesmo tempo submissa e sempre surpreendente; poderá pedir tudo a ela, fazer também que ela suporte tudo. Eles formam um velho par perfeito, fundado numa cumplicidade irrestrita, com um gosto comum pelo jogo e pelo humor. Não podem passar um sem o outro, mas não exigem mais o mesmo um do outro. A paixão se alterou, a aventura, não sem virtuosidade, é feita agora apenas de gracejos. Com o bálsamo de uma corte de fiéis que se extasia a cada um dos gestos do soberano. Picasso é um rei, mas cujo reino perdeu o antigo esplendor, e rei que se torna, na maior parte do tempo, seu próprio bufão. John Berger, severo, escreve:

> Pensamos nos últimos dias de uma grande vedete de music-hall; quando tudo se racha, continuam a imaginar que ele está no melhor de sua forma.[1]

Na primavera de 1954, ele se deixa encantar pelo sorriso de Sylvette David, uma graciosa jovem cujo pai é *marchand* em Paris. Seu frescor seduz Pablo, que lhe pede para posar para ele. Ela aceita, mas vem acompanhada do noivo. Sylvette é inacessível, e o pintor, reduzido à pose do modelo, contenta-se com uma afetuosa amizade. Ele multiplica as imagens da moça, faz o inventário de muitos procedimentos que dominou em sua longa carreira, deformando, desestruturando a figura, misturando frente e perfil, com algumas piscadelas de olho ao velho cubismo. Depois pinta um *Retrato de Mme. Z.*, isto é, de Jacqueline, que faz assim a entrada em sua obra, entrada pública, pois o quadro é mostrado quase em seguida em Paris, na Maison de la Pensée Française, importante centro da cultura comunista, que dedica a Picasso uma exposição na qual estão reunidas obras da juventude e outras mais recentes.

É novamente verão e, na grande tourada de Vallauris, ele aparece em plena forma, mais soberano do que nunca, na plenitude de seu papel e de seu poder, cercado de Jacqueline, Claude e Paloma, que acabam de chegar com Françoise.

Esta, a cavalo, abre a tourada, para o grande desprazer de Jacqueline, ainda despeitada porque Pablo não a convidou a acompanhá-lo a Perpignan, aonde levou os filhos. Ele gostou muito, no ano anterior, de rever a Catalunha, e resolveu voltar esse ano para reencontrar os novos amigos acolhedores que são Jacques e Paule de Lazerme, como também Pierre Brune, o curador do museu de Céret, Totote Hugué e a bela Rosita.

Vallauris foi a época de sua vida com Françoise e, como esta acabou, por que não mudar de lugar, voltar para essa Catalunha cuja irmã espanhola, do outro lado dos Pirineus, lhe é tão cara, mas aonde está decidido a não voltar enquanto Franco estiver no poder em Madri? Ele pensa mesmo em comprar uma propriedade em Colliure, onde Matisse inventou o fauvismo. E, se o castelo Saint-Elme estivesse à venda, estaria disposto a se instalar lá. Paulo também está em Colliure, com Christine, a nova companheira. E Maya, claro, para completar a tribo. Muitos outros amigos juntam-se a eles e há grandes festas, novas touradas. Mas eis que aparece Jacqueline, decidida a conquistar seu lugar. Pablo não a convida a dormir com ele na casa dos Lazerme, onde ela faz todas as refeições. Jacqueline pernoita no hotel, perde a primeira partida por ser afoita demais, inoportuna, sem compreender que não se impõe a lei a Picasso. Uma cena violenta os opõe e ela vai embora; obstinada, porém, volta pouco depois, faz as pazes e, triunfante, reconquista Vallauris, enfim confirmada no papel de favorita daquele que ela considera (e proclama) como seu soberano. Põe-se a serviço dele, será para ele a sacerdotisa do culto que lhe presta. Não o deixará mais. No outono, ela se instala como dona de casa na Rue des Grands-Augustins, enquanto Françoise, com os filhos, permanece na Rue Gay-Lussac. Picasso tem necessidade de uma mulher perto dele, e nenhuma lhe será mais devotada que Jacqueline. Ele encontra um novo equilíbrio e pode se dedicar mais calmamente a seu trabalho.

Em 3 de novembro, toma conhecimento da morte de Matisse. Fica transtornado com o desaparecimento do único pintor vivo que estimava, que realmente respeitava, que talvez invejava, com o qual competia havia meio século. É por essa razão que recusa falar ao telefone com a filha do pintor que lhe anuncia a notícia? Um mês mais tarde, também não irá até o aparelho para atender a pessoa que lhe informa do perigo corrido por Paulo, vítima de uma embolia pulmonar. Ele tem horror do telefone, evita deixar transparecer suas emoções e, embora assustado pela doença e pela morte, é fatalista. As dores não são feitas para serem mostradas em público. André Derain e Henri Laurens também morreram recentemente. Dos companheiros da juventude, resta apenas Braque. Matisse e Picasso foram os dois grandes pintores da mulher em seu século. O primeiro como criador de sensuais odaliscas, o segundo, ora como homem seduzido igualmente pela aparência feminina, ora como revelador da violência, da crueldade que pertencem tanto à mulher olhada quanto ao homem que a interroga com o olhar e exprime o terror arcaico que ela lhe inspira.

Com a morte de Matisse, Picasso fica sozinho e atormentado pelo desaparecimento do parceiro, cujo exemplo, que nunca cessou de considerar com atenção, o atrai nesse momento em que Jacqueline reanima o que há ainda nele de juventude. Sua reflexão sobre a arte de Matisse leva-o a este outro grande fazedor de odaliscas que foi Eugène Delacroix, e é com as *Mulheres de Argel* que ele se confronta. Quando o homem está feliz, o pintor também está, e sua pintura mostra uma nova confiança na vida. Picasso dialoga com Matisse por intermédio de Delacroix, ao mesmo tempo em que recorda o *Banho turco* de Ingres. Ingres e Delacroix foram os dois polos, clássico e romântico, da pintura francesa na metade do século XIX, e Picasso é ambíguo o bastante para não escolher entre os dois. Para ele não se trata de adotar uma posição teórica que daria sentido à sua prática pictórica. Desses grandes predecessores, toma as obras menos como enigmas dos quais teria de separar as interferências, e mais como motivos que ele pinta à sua maneira e conforme seu humor. Interpreta-os em formidáveis caricaturas. Não é essa sua principal contribuição à arte do século XX, ter elevado a caricatura à grande arte? Jacqueline, longamente retratada, é tão caricaturada como foram as que a precederam, juntando-se a esse espantoso harém pictórico. A grande retrospectiva organizada no Museu das Artes Decorativas, em Paris, e depois na Alemanha, mostra essas obras recentes, que dão a prova da inesgotável vitalidade de Pablo Picasso, agora único mestre a bordo da pintura. Mestre também de sua existência, quando morre Olga, em fevereiro de 1955: ele é viúvo e sua vida simplifica-se. Virada a página Françoise, ele encontrou em Jacqueline uma nova musa e o apoio de que necessita na vida de cada dia.

Como a casa de Vallauris pertence a Françoise, como Pablo gosta do Midi e desistiu de comprar alguma coisa na Catalunha, ele adquire a propriedade "La Californie", nos altos de Cannes, em abril de 1955. É uma casa de campo *fin-de-siècle*, com uma decoração de estilo mourisco que não pode senão agradá-lo ao sair de sua aventura orientalista, e na qual Jacqueline e ele se encerram atrás de altas grades. Está excluído deixar-se invadir pelos amigos mais ou menos bem-intencionados, pelos solicitadores de toda espécie ou pelos simples curiosos. Daí por diante, é preciso marcar encontro e mostrar carta-branca para ser recebido pelo mestre. Jacqueline o protege e protege seu trabalho. A bem dizer, guarda-o para si, nessa gaiola dourada.

Não longe dali, é em Nice, nos estúdios da Victorine, que Georges Clouzot, nesse verão de 1955, filma *Le Mystère Picasso* [O mistério Picasso]. Um meio astucioso permite mostrar como a mão genial do artista faz aparecer um desenho: uma tinta que acaba de ser inventada nos Estados Unidos atravessa uma tela de papel sem produzir manchas inoportunas.* E Picasso, tanto no estúdio como no ateliê, vai

* Clouzot filma por trás da tela. Assim se vê a obra surgir "por transparência". (N.T.)

se lançar num grande desenho a cores cuja execução é ritmada pelas necessidades da filmagem. É tal sua concentração que ele supera essas condições difíceis, mas sente-se menos à vontade quando decide pintar *A praia de la Garoupe*, dessa vez numa grande tela. O documento é ainda mais apaixonante por mostrar que nem tudo é tão fácil para Pablo Picasso quanto se supõe e que um quadro resulta tanto de trabalho árduo, com suas dúvidas, seus erros e suas retomadas, quanto de um momento de graça. E Clouzot realizará assim, com um ator singular, um filme de arte excepcional que será premiado no Festival de Cannes e na Mostra de Veneza.

Picasso nada perdeu de seu gosto do jogo e do público, e suas saídas são sempre ocasiões de festas, das quais é tanto o herói quanto o *metteur-en-scène*. Um restaurante, uma praia, uma arena, e ele se apodera do papel principal, sem pressa de passá-lo a outros que poderiam aspirar a esse papel, como o casal celebridade das touradas e do cinema, Miguel Dominguin e Lucia Bose, ou um outro casal, formado pelos atores Simone Signoret e Yves Montand, ou mesmo Gary Cooper, que lhe oferece dois Colts, mas se mostra incapaz, no jardim, de acertar uma bala numa lata de conservas colocada não muito longe! Muito menos quando se trata da extraordinária e ridícula velha dama que é Helena Rubinstein, a dos produtos de beleza. Ela acredita que Picasso fará seu retrato, mas ele, se a faz posar em La Californie, excuta na hora apenas alguns desenhos parciais e nunca realizará a obra tão esperada. Acontece-lhe assim de receber surpreendentes visitantes que ele acolhe tanto por curiosidade quanto para lhes mostrar que não está à sua disposição e que nenhum poder, nenhuma glória o seduz. É o caso da visita a La Californie, em 1957, do ex-presidente Truman, dos Estados Unidos: Picasso, constatando que os quadros que lhe mostra não parecem interessá-lo, leva-o à capela de Vallauris para lhe mostrar *A guerra e a paz*, que faz alusão à intervenção norte-americana na Coreia; depois, trazendo de volta o presidente a La Californie, diz-lhe que os dois poderiam se associar numa empresa de confecção: não se destacou Truman, antes de presidir seu país, na fabricação de suspensórios? Não compreendendo o gracejo, o ex-chefe da Casa Branca convida o pintor a visitá-lo na América a fim de falar mais do projeto, mas Picasso, acompanhando-o até a porta, responde que isso está fora de questão, pois foi sob sua presidência que lhe recusaram um visto de entrada nos Estados Unidos. A presença de fotógrafos pode também fazê-lo rapidamente bancar o cabotino, destacando seu personagem mais que sua obra, instaurando-o na imprensa como o *superstar* da arte moderna.

Seu mais belo papel, o mais natural também, é o do patriarca. Os filhos, no verão, estão a seu redor, acompanhados de Cathy, a filha de Jacqueline, e do filho de Inés, ao qual Pablo nunca poupou sua afeição. Quanto a Françoise, ela se casou com um outro pintor, Luc Simon, e as relações com o pai de seus filhos são mais tensas. Agora que vive em perfeito amor com o novo marido, sua *villa* "La Galloise" esvaziou-se inteiramente, mesmo de seus próprios bens, em particular quadros que lhe foram oferecidos pelo ex-companheiro. Existe aí a mão de Jacqueline? "Monsenhor" (é assim que esta o chama) seria um soberano rancoroso? Isso não combina muito com as maneiras de Pablo. De todo modo, a musa atual cumpre seu contrato: a pintura desse pintor que completa 74 anos em 25 de outubro prossegue tão bem quanto ele, e seus retratos da nova companheira não fazem invejar os que fez há muito ou pouco tempo de Fernande, Olga, Marie-Thérèse, Dora, Françoise. Seus *Ateliers*, vistas diversas de La Californie, que jogam com a luz de uma maneira muito matissiana, nada ficam a dever.

Como avô, porém, ele se mostra menos à vontade. Menos amoroso, talvez, pelo menos desajeitado com Marina e Pablito, os dois filhos de Paulo. Marina dirá mais tarde, em seu livro *Grand-Père* [Vovô], a tristeza na qual a deixaram as breves visitas que fez a La Californie. Paulo, numa quinta-feira de novembro, os leva, como costuma fazer às quintas-feiras, à casa de Picasso. Toca à campainha, espera que o velho porteiro italiano venha abrir. Mesmo quando se é filho de Pablo Picasso, não se entra na casa do pintor mais célebre do século XX simplesmente porque é quinta-feira e ele deveria receber os netos. O porteiro deve consultar a senhora Jacqueline, que reina no domínio, zela pelo marido, filtra os visitantes. Nesse dia, a senhora da casa, sem mesmo deslocar-se, faz saber que hoje Picasso não pode ser perturbado porque está trabalhando. Isso acontecerá várias vezes, para a frustração de Paulo, Marina e Pablito. Os netos gostariam de ver o avô. Têm sede, muita sede de afeto, eles cujos pais são separados, que vivem com uma mãe amorosa, mas pouco equilibrada, e que só veem o pai de passagem, à tarde. A avó Olga, felizmente, foi mais carinhosa, embora mais frágil, nunca refeita do fracasso de seu casamento. Às vezes, porém, Paulo e os filhos entram juntos em La Californie, cuja desordem cuidadosamente mantida por Picasso, que agiu assim em todas as suas moradias, fascina as crianças.

Esse espantoso bricabraque se assemelha ao de um gigantesco negociante de objetos usados, que teria amontoado indiscriminadamente, ao sabor de suas descobertas, obras de arte, antiga e moderna, objetos incongruentes desprovidos de qualquer utilidade, à espera de um novo destino ou de uma metamorfose, e entre os quais passeia a cabra Esmeralda. Mas Picasso, repetimos, tão à vontade em tantas artes, pratica mal a de ser avô. Essas crianças, seus netos, o aborrecem. É que são os filhos de seu filho Paulo, que ele menospreza por não ter conquistado um melhor lugar no mundo, mas ao qual não facilitou a tarefa e que utiliza como assistente, quando não como serviçal; esse filho que ele não consegue ver vivendo apenas sob sua influência, sob sua fama. Paulo é uma criança grande, que depende financeiramente desse pai de quem não soube se desligar. Picasso brinca um pouco com os netos, diverte-se algum tempo em vê-los manejar os pincéis, banca o palhaço com eles, imita um toureiro, espera que o admirem, mas não se interessa realmente por eles, pelo que fazem, pelo que são. Não lhes dá o amor que esperam dele. No Natal lhes dá presentes caros, mas pouco adaptados a crianças da sua idade.

> Fruto de um pai decepcionante e de uma mãe escandalosa, escreverá Marina, nossa existência incomodava sua pequena pessoa e seu grande egoísmo.[2]

Picasso festeja seus 75 anos no ateliê Madoura, onde os Ramié, embora ele tenha abandonado um pouco a cerâmica, não esquecem o que lhe devem. No bolo enorme não falta nenhuma vela, mas o idílio com Vallauris sofre com o fim da vida em comum com Françoise e com o atraso na realização do templo da paz, em razão de problemas técnicos, certamente, e pelo fato de o Estado, ao que parece, não ter pressa de dar seu apoio à comuna. É também possível que os comunistas, às voltas com a doutrina, então rigorosa, do realismo socialista, mostrem-se cada vez mais reservados quanto à necessidade, para eles, de defender a obra de Picasso. Este, descontente com a demora, espera que a questão se resolva para pintar o terceiro painel que, entre os outros dois, ocupará o fundo da capela (o que ele fará finalmente no verão de 1958). Nove dias mais tarde, os tanques soviéticos entram em Budapeste para pôr fim à insurreição que sublevou a cidade contra o poder submetido a Moscou. Alguns comunistas franceses ficam bastante chocados com isso para rasgar sua carteira do Partido. Outros, mais moderados, demonstram seu espanto, mas não se retiram. Picasso é um deles. Ele assina, ao lado de Édouard Pignon e de Hélène Parmelin, uma carta ao Comitê Central, manifestando seu descontentamento. Mas deixar o Partido seria fazer o jogo dos americanos e, por tabela, o de Franco. Um mês antes, Picasso era homenageado em Moscou, onde o público se amontoava para ver uma centena de seus quadros, embora as autoridades soviéticas não escondessem seu desagrado.

Enquanto isso, Jean Cocteau, longe dessas preocupações de geopolítica, entra para a Academia Francesa. Cocteau é também um ator desde sempre e o fardão do Quai Conti combina com seu senso da mundanidade, mas ele não atua no mesmo palco que seu amigo Pablo, a quem pede para realizar a espada de acadêmico. Para Picasso é apenas uma brincadeira, à qual se presta de bom grado. Ele é mais seriamente requisitado para uma nova aventura, como escultor, com a cumplicidade do norueguês Carl Nesjar que realiza em concreto armado, a partir de alguns de seus desenhos ou maquetes em papelão, obras monumentais destinadas a Barcelona, Estocolmo, Marselha, ou então para o jardim de Kahnweiler – que é ainda seu *marchand* mais fiel e amigo, embora suas obras possam ser encontradas noutras galerias, parisienses ou não.

Picasso vai contrariado a Paris. Mesmo quando a galeria Louise Leiris inaugura um novo local, na Rue Monceau, nela expondo uns cinquenta de seus quadros recentes. Agora está quase sempre em Cannes, onde Hélène Parmelin diz que é "o rei de La Californie". Ele tem necessidade do Midi, do sol, do Mediterrâneo. Os amigos? São eles que vão vê-lo. Mesmo o velho Pallarés, o amigo da juventude barcelonesa, ainda fiel. As viagens? Nunca o interessaram. Perpignan? Foi só um capricho passageiro, um momento de nostalgia condimentado pela beleza da sra. de Lazerme e o encanto da jovem Rosita Hugué. Picasso sabe que seu tempo é curto e que não deve desperdiçá-lo. Sempre a mesma vontade de trabalhar, os cadernos que se multiplicam e dos quais Kahnweiler extrai desenhos a serem vendidos, os quadros inumeráveis, dos quais não gosta muito de se separar porque vê neles, inscrita quase dia a dia, sempre exatamente datada, sua vida. É em La Californie, administrada com rigor por Jacqueline, que ele trabalha melhor, portanto vive melhor. É no Midi que ele é, na França, mais naturalmente espanhol. Pois nunca deixou de ser espanhol. Como antes, nem pensa em solicitar uma naturalização francesa que dificilmente lhe recusariam. Quanto mais envelhece, mais se sente espanhol. Com nostalgia e orgulho. Nessa Espanha, a que faz questão de não voltar enquanto não tiver se livrado de Franco, ele não precisa estar para estar. Como tampouco precisa de um modelo sob os olhos para fazer um retrato. A Espanha, ele a traz dentro de si. Ele é, na França, um pedaço da Espanha, e, se gosta tanto de touradas, é evidentemente em razão de uma velha paixão pelo touro, mas também porque é lá que mais visivelmente aparece como um embaixador da Espanha no exílio. Os leitores de jornais e revistas que mostram as imagens do velho calvo, bronzeado, jovialmente clownesco com seus disfarces, se enganariam de ver aí apenas folclore. Porque a Espanha de Picasso, a grande Espanha, a que ele traz no coração, é a mais forte, a mais profunda, a mais brilhante, a mais complexa: é a Espanha de Velázquez. Depois do Oriente sensual de Delacroix, revisto sob a luz de Matisse, eis agora as meninas, a infanta e suas damas de honra, as moças grotescas, as princesas monstruosas – e sobretudo uma grande lição de pintura. Picasso não se cansa de revisitar os velhos mestres, buscando o que lhe podem ensinar e medindo-se com eles. De agosto a dezembro de 1957, pinta cerca de cinquenta quadros sobre o tema. Para isso, retira-se nas alturas de La Californie. Do térreo, onde fizera seu ateliê numa grande peça central, ele sobe ao último andar, ali se encerra, não mostra a ninguém o que está fazendo.

As meninas, as de Velázquez, é um dos quadros mais singulares da história da pintura: o pintor é representado frente a seu quadro sem que se possa ver o que pinta, e, se podemos de início acreditar que ele pinta o que supostamente é o tema do quadro, as meninas, compreendemos que se trata de uma ilusão. Um olhar mais atento permite considerar que ele faz o retrato dos soberanos, dos quais se vê apenas o reflexo num espelho, e que as meninas não passam de espectadoras dessa cena. *As meninas*, portanto, ou as espectadoras de um quadro em andamento, transformadas no tema de um quadro acabado; o modelo em parte apagado, distante, inapreensível, que oferece de si mesmo somente um reflexo – e o pintor, apanhado no centro de uma perspectiva complexa, entre dois modelos, dois temas, duas histórias da pintura, duas concepções da pintura. De um lado, o grande tema, o monarca e sua esposa imobilizados no artifício de seu papel, a instituição real, a pintura de história; de outro, personagens mais reais, mais naturais, seres vivos, corpos, meninas espertas, e não belas. *As meninas*, ou o manifesto do realismo...

Picasso disseca a pintura de Velázquez, assimila-a, reinventa-a, presta-lhe homenagem, alimenta-se, zomba e apropria-se dela, faz que ela conte outras histórias, a ponto de suspender no ar o bufão para fazê-lo tocar piano. Assim ele afirma com mais força o que já havia tentado com *Les femmes d'Alger* de Delacroix e *Les Demoiselles du bord du Seine* de Courbet: um grande quadro é um formidável motivo que o pintor, pelo menos Pablo Picasso, pode tratar como qualquer outro motivo, uma mulher, uma paisagem, alguns objetos numa mesa compondo uma natureza-morta. Olhar, para o pintor, não é apenas registrar a presença, a aparência do motivo, como se fazia outrora e como o fizeram ainda os impressionistas: é apoderar-se do que se impõe à visão, descascá-lo, compreender como é feito, como está organizado, como funciona. O olhar do pintor não fica na superfície das coisas, revira-lhes a pele, penetra-as até o osso. A realidade não é a aparência; é também o enigma de toda coisa, e Picasso dirá a seu amigo Roland Penrose que ele busca sempre a surrealidade, esse algo *mais* da coisa que se dá antes no imaginário que na análise, que a insere num jogo permanente de metamorfoses. Assim, se ele vê Dom Quixote entrar nos aposentos do rei, entre o pintor e as meninas, isso pertence à realidade do quadro de Velázquez. Do mesmo modo, ele pode perfeitamente continuar a enterrar o conde de Orgaz, embora El Greco tenha feito isso muito bem, escrevendo um texto acompanhado de uma dúzia de gravuras sob o título

Continua el entierro del Conde de Orgaz. O real é o que Pablo Picasso vê. Realismo, portanto, mas também magia, por meio da operação do pintor, mestre em metamorfoses. Exorcismo igualmente: de tempo em tempo, Picasso, atormentado por um de seus grandes predecessores, deve desfazer-se dele, livrar-se de seu domínio. Isso o deixa mais leve para depois pintar pombos, vistas de sua janela, um retrato de Jacqueline, gravar no zinco outras imagens dela. Sobretudo para se lançar numa nova aventura de decoração monumental.

A Unesco o convidou a pintar uma das grandes paredes do saguão de entrada de sua sede parisiense. Cem metros quadrados: é muito para um homem de sua idade e ele hesita. Poderia simplesmente criar uma maquete, a seguir confiada a um executante encarregado de realizar a obra definitiva. O procedimento é comum em arte monumental. Mas Picasso é Picasso e o desafio é tentador: será uma boa ocasião de mostrar que não envelheceu e que nada tem a temer de um confronto com os outros artistas convidados para a decoração desse palácio internacional: Arp, Calder, Miró, Henry Moore. O ateliê não é bastante grande para que ele possa montar uma tela ou um painel na dimensão desejada; assim terá que trabalhar por partes, em quarenta painéis de compensado postos no chão, que a seguir serão reunidos sem que ele tenha podido antes vê-los juntos – dificuldade suplementar que não chega a desagradá-lo.

Com a maquete do saguão posta numa mesa, ele se põe a trabalhar, em 15 de dezembro de 1957, multiplicando os estudos, os desenhos, os guaches, durante mais de um mês, antes de passar à realização da obra. Sem nada mostrar aos patrocinadores, que se inquietam. Um tema se impõe, que ele não calculou: um mergulhador, em torno do qual elabora várias cenas, fazendo aparecer personagens que em seguida desaparecem. No final do mês de março, está em condições de mostrar o resultado desse trabalho penoso aos representantes da Unesco. Os que esperavam uma grande pintura, com uma mensagem humanista clara, algo como uma *Guernica* mais suave, ficam decepcionados. O que está fazendo ali esse mergulhador sombrio que vai ser engolido por uma onda enorme e com o qual não se preocupam os banhistas que aproveitam o sol na praia vizinha? O conjunto é montado no pátio da escola comunal de Vallauris, e Georges Salles, diretor dos Museus da França, encontra um título que lhe cai bem, com uma significação simbólica muito oportuna: *A queda de Ícaro.* Não pensou o próprio Picasso nesse herói, vítima de seu sonho e do ardor do sol? Com certeza. Ele é bastante culto e lúcido para ver que seu mergulhador não é um simples veranista de Golfe-Juan. Não é ele mesmo, como todo grande artista, um Ícaro que, voando com as próprias asas para se elevar acima de sua condição e se aproximar do absoluto, só pode pagar essa ambição com a queda? Não há êxito em arte; na melhor das hipóteses, há somente uma glória que dissimula a intensidade trágica da existência de um homem. É isso que Picasso pintou: vejam bem, o rei está nu e sem outro poder senão o de desaparecer no desconhecido, o de perder-se nas trevas! Mas, como houve numa primeira versão desse quadro metafórico um artista com seu cavalete, mais tarde apagado, talvez possamos dizer igualmente que não se trata, para um pintor, de chegar à luz das alturas, mas de mergulhar nas próprias trevas onde tem mais chance de se encontrar. Quem vai em direção à luz só pode ficar cego, ao contrário de quem, na sombra, tem a esperança de ver surgir algum clarão. Helène Parmelin observa também que Picasso, de quem é então uma amiga próxima, pintou esse quadro no momento em que estava fascinado pelo Sputnik, o satélite soviético que se aventurava audaciosamente entre as estrelas.

Matisse está morto e Picasso, contrariando o mais sereno dos pintores do século XX, mostra em pintura o que a pintura, como a vida, tem de perturbador, de angustiante mesmo, para ele. Mostra também, como fez com brilho em suas obras mais importantes, *Les Demoiselles d'Avignon*,

Guernica, *Le Charnier* [O ossário] e muitas outras, que todo o problema da arte é dar forma e clareza a essa força sombria. É por essa razão que ele trabalha tanto, desenha tanto, é por essa razão que ele mergulha: a fim de encontrar a forma justa, a que melhor convém para expressar o que se impõe a ele, a que lhe permite apoderar-se ao mesmo tempo do real e de si mesmo. E é nisto que ele se aproxima de Matisse: o cuidado de ser justo na evidência do quadro. Só que para ele a coisa é menos simples, porque precisa combater contra si mesmo, não se deixar submergir pelas forças obscuras, não cair na incoerência, no informe, no delírio. Não era esse todo o sentido de *Les Demoiselles d'Avignon*, todo o esforço do rigor cubista partilhado com Braque, depois de Cézanne, numa época em que Matisse, *fauve*, penava para sair das ondulações do impressionismo? Porém, mais do que Matisse (e mais do que Delacroix, Courbet, Velázquez), é Cézanne que atormenta Picasso há uns cinquenta anos. Isso não é evidente em sua obra tal como se desenvolveu, diversa, mutável, contraditória desde o cubismo; no entanto ele não cessa de afirmar sua admiração pelo mestre das *Banhistas* e da *Sainte-Victoire*, cuja vida inteira de pintor não foi senão uma longa marcha em direção à luz, à harmonia, à concordância com o mundo. Cézanne, que consagrou a vida a uma busca do absoluto em pintura, gostava de se referir ao personagem Frenhofer, de Balzac, o herói de *A obra-prima desconhecida*. Um mergulhador, banhistas, será então um acaso? Não são Cézanne e Matisse, para Picasso, um mesmo polo de luz, de equilíbrio, de serenidade, rumo ao qual ele tende, do qual às vezes se aproxima, raramente, e que sempre lhe foge? Pelo menos ele pode instalar-se no ar, na luz de Cézanne.

No final de 1958, Picasso torna-se proprietário do castelo de Vauvenargues, ao pé da montanha Sainte-Victoire. Casualmente numa conversa, ouviu dizer que esse imponente monumento histórico está à venda. Seu amigo Douglas Cooper, historiador de arte e grande colecionador, ele próprio dono de um castelo no Gard, o aconselha a ir vê-lo: a construção tem um porte majestoso, numa paisagem magnífica. Picasso explorou pouco a Provença, embora tenha passado muito tempo no Midi. Ninguém menos turista do que ele. Mas, ao voltar do Gard e dirigindo-se a Cannes em companhia de Hélène Parmelin e Édouard Pignon, ele passa por Aix, onde estão expostas algumas de suas obras pertencentes a seus amigos Cuttoli. Vauvenarges fica perto de Aix, por que não ir até lá? Edificado sobre um espigão rochoso acima do vale do Infernet, o castelo é basicamente uma construção do século XVII, imponente e austera, cercada de um belo parque. Picasso é seduzido. Jacqueline, menos: ela o acha sinistro e não se imagina vivendo ali. Aliás, eles pouco o frequentarão. Pablo tem recursos para seus caprichos e, se adquire o castelo de Vauvenargues, é mais para fazer dele um museu que um domicílio, pois conserva La Californie.

Encantado, Picasso diz a Kahnweiler que comprou a Sainte-Victoire. O *marchand* pensa que se trata de um quadro de Cézanne. Não, ele não comprou tampouco o motivo de uma famosa série de obras de Cézanne, mas se instalou no centro do mundo de Cézanne, na casa de Cézanne, de certo modo, e Pablo crê bastante na magia para pensar que um pouco do espírito do mestre virá assim até ele. Presta-lhe uma homenagem ao pintar, lá, uma *Mulher debaixo de um pinheiro* – referência às célebres *Banhistas*. A paisagem nunca foi sua paixão, apenas um gênero ao qual se entrega de vez em quando, um tanto raramente; no entanto, dedica-lhe vários quadros em sua nova morada. Sobretudo, instala no castelo boa parte de sua coleção, obras-primas que estavam em Paris e outras vindas de La Californie (onde permanece um bom número delas) e que ele nunca se preocupou em dispor como o fazem os colecionadores, para valorizá-las em suas paredes. Aqui, ele as expõe, observa-as atentamente, muda de lugar, leva-as para a plena luz natural, no jardim. Nunca apreciou tão bem seus Cézanne, seus Matisse (tem sete pendurados na sala de jantar) e muitas outras telas ou obras em papel assinadas por Corot, Courbet, Modigliani, Braque, Renoir... Durante dois anos, vai com bastante frequência a Vauvenargues, onde gosta de trabalhar. Importantes reformas, a instalação do aquecimento central, uma sala de banhos luxuosa, tornaram o castelo mais confortável. Ali ele se sente em casa, mais do que em La Californie, onde reina Jacqueline. A prova é que esta não gosta de vir. Mas vem assim mesmo, porque ele tem necessidade dela. Picasso não gosta de estar sozinho. Ela é sua companheira, sua intendente, sua serva, a oficiante do culto de que ele é o deus, como ela o quis. Ele a pinta como *Jacqueline de Vauvenargues*, ou numa poltrona azul, ou com uma echarpe verde, ou com as mãos juntas.

O nu na natureza... É Cézanne e suas *Banhistas*, claro. Mas foi antes, de um modo diferente e de maneira mais artificial, *Le Dejeuner sur l'herbe* [O piquenique na relva] de Édouard Manet. Ele volta ao tema desse quadro histórico, que causou escândalo na véspera do impressionismo. Diverte-se, inventa outras histórias, encena outros jogos com os personagens. Sobre o tema faz telas, gravuras também, em linóleo, segundo uma técnica que aperfeiçoou, servindo-se apenas de uma "prancha" para várias passagens de cor. E quantas mulheres nesse homem velho! Não apenas retratos de Jacqueline: mulheres imaginadas, talvez alimentadas de lembranças, mas sobretudo marcadas por seu passado na história da arte, porque são filhas das que foram pintadas por Cézanne, Manet, Courbet, Renoir, Degas, todos eles grandes pintores da mulher num século XIX que se orgulhava de seu realismo; por Rembrandt, também, com sua *Betsabé*. Mais canalha, ele inventa *Le Romancero du picador*, como um romance de imagens sobre as aventuras desse mal-amado da arena que se interessa mais pelas mulheres do que pelos touros, que é mais *voyeur* do que ator.

Vauvenargues é a Provença interior, tradicional, sem banhos de mar, sem touradas. Picasso afasta-se da costa, da sociedade, espera que venham vê-lo. Mesmo quando está em

La Californie, pouco se movimenta. Não vai sequer a Paris, em junho de 1959, para a inauguração do monumento que a cidade decidiu enfim oferecer à memória de Guillaume Apollinaire. Em Saint-Germain-des-Prés, na praça ao pé da igreja, do outro lado daquela onde foi erguida a estátua de Bernard Palissy, o grande ceramista mestre dos esmaltes, ele teria reencontrado alguns companheiros de juventude, Jean Cocteau, André Salmon, o barão Mollet. Teria podido evocar com eles o poeta que foi seu primeiro grande defensor. O monumento do qual é o autor nada tem a ver com Guillaume, a não ser que este foi o autor de *La Chanson du mal-aimé* e a estátua escolhida é o busto (pouco monumental) de uma mulher também mal-amada, vítima submissa do Minotauro Picasso. Do grande projeto dos anos 20 que poderia ter dado a Paris uma escultura realmente monumental e original, uma grande construção em metal, resta apenas isso, um busto, na falta de melhor. Pelo menos Dora é honrada, a dois passos do Café de Flore, onde se feriu na mão ao seduzir seu amante terrível. Ela pode assim ver sua efígie não distante de casa, pois ainda mora na Rue de Savoie.

Dos amigos de outrora, não lhe restam muitos. E poucos ainda lhe são próximos, alguns dos quais ele maltrata, lançando farpas a Cocteau, zombando de Kahnweiler como se ele fosse um *marchand* vil que buscasse apenas extorqui-lo. Mais gracejador do que maledicente, é verdade; mesmo assim, é preciso muita solidez para continuar sendo seu amigo e *marchand* por tanto tempo, mais de cinquenta anos agora. E por que ele iria a Londres, onde seu amigo Roland Penrose lhe oferece a glória britânica de uma exposição na Tate Gallery, uma exposição imensa, duas vezes maior que a realizada em Paris cinco anos antes, uma retrospectiva de seis décadas de criação artística?

Quando se casa, em 2 de março de 1961, com Jacqueline Roque, Picasso não convida os amigos à casa de Vallauris, não escolhe nenhum como testemunha. Tampouco solicita a presença dos filhos. Seu notário ocupa-se do caso. É verdade que o casamento é mais uma questão notarial que de amor. O amor nunca precisou de casamento, nem de notário. Mas ele está velho – digamos, idoso –, mesmo se prefere não levar em conta o número de seus anos. Precisa assegurar o futuro da jovem companheira. Provavelmente o notário, racional, encorajou seu bom cliente a pensar na sucessão dela. Além disso, Pablo sempre achou normal estar casado, mesmo quando não vivia mais com Olga. É o seu lado *old fashion.* Quanto a Jacqueline, ela insistia que a união deles tivesse um rótulo oficial. Os "recém-casados" não vivem por muito tempo a nova vida conjugal em La Californie. A urbanização dos altos de Cannes retirou-lhe o encanto. Como não considera instalar-se inteiramente em Vauvenargues e como as finanças não são um problema, Picasso compra uma outra propriedade, sem desfazer-se da precedente, em Mougins, onde passou vários verões com Dora e os Éluard. É Notre-Dame-de-Vie, uma grande casa, bem-iluminada, prática, cercada de jardins, protegida dos importunos. Eles se mudam em junho de 1961. Mudança relativa, porque, como de hábito, Pablo adiciona e não substitui. Ele age com as casas como com as mulheres (neste plano, agora, está mais calmo, tanto mais porque Jacqueline não lhe dá folga). La Californie não é esvaziada, como tampouco Vauvenargues e os apartamentos parisienses. Bastam alguns empréstimos para reconstituir a desordem necessária à dinâmica criadora do mestre, o que ele faz com uma habilidade e uma rapidez espantosas. Mais uma vez, uma nova vida começa. Ele tem oitenta anos, uma jovem esposa e a vontade de trabalhar, de inventar ainda, de ver até onde pode ir, o que pode ainda descobrir. Nada perdeu daquilo que Werner Spies, num livro dedicado à sua escultura, chamou sua "incansável atividade manual", sua "grande felicidade de experimentação". O tempo lhe está contado, a energia não. Nem o gosto do espetáculo. Pois, para comemorar sua oitava década, ele comparece à festa que Vallauris organiza em sua homenagem: festival de música e dança em Nice, em presença de seis mil espectadores, cerimônia e exposição em Vallauris, almoço para cem convidados à beira do mar, fogos de artifício em Cannes, Cadillac branco, motociclistas da polícia, representante do Ministério da Cultura, primeiro secretário do Partido Comunista, artistas e escritores de todas as tendências e disciplinas e uma tourada excepcional com matança ilegal dos touros.

Pablo Picasso, *picador* ou *torero*? E se ele fosse ambos? Se sua obra fosse a manifestação do picador, esse palhaço da tourada que se esconde em todo toureiro? O que é um picador, senão um toureiro que não deu certo? E um toureiro, senão o sonho de um picador? Picasso triunfou bastante na arena artística para que se possa tomar sua eterna camiseta listada de marinheiro como um traje de toureiro, mas ele é bastante lúcido e capaz de ironia sobre si mesmo para saber o comediante que é, o palhaço de feira, também, nessa tragicomédia sem esperança que é o destino de todo artista. Não há arte absoluta, não há obra perfeita, definitiva, a realizar. Nada senão o esforço, incessante, de prosseguir o jogo, de agitar-se enquanto está vivo, de buscar ir mais além. Toda essa violência, que sempre existiu nele (embora entrecortada aqui e ali por momentos de doçura, de sensibilidade harmoniosa), essa violência do Minotauro, que é ao mesmo tempo touro e toureador, homem de uma animalidade triunfante, fez de sua vida uma epopeia cruel para muitos dos que se aproximaram dele. Mas foi ela que lhe permitiu subverter com brilho as regras da arte, da representação, dando a ver de um outro modo, fora de todo angelismo, de todo humanismo ilusório, o mundo e o homem neste mundo.

Ele não cria juízo com a idade, e eis que rapta, em pintura, as sabinas. Poussin já o fizera, e é ainda uma maneira, para Picasso, de jogar com a história da arte. Também de ilustrar o instinto arcaico de predador que fez dele um Dom Juan eficaz. Ele abordou esse tema no começo de 1961, quando se ocupava com os *Déjeuners sur l'herbe*, deixou-o de lado, depois voltou a ele intensamente. Alguns viram aí uma continuação de *Guernica*, uma denúncia das violências da guerra num momento de endurecimento da guerra fria. Talvez. Ele ainda é membro do Partido Comunista e, em matéria política, estimulado por Hélène Parmelin e Édouard Pignon. Mas Picasso não é o pintor de história que seria politicamente correto ver na sua obra, na verdade de um egotismo total. Se há guerra nesses *Raptos das sabinas*, é, antes de mais nada, posta em imagens, a guerra feita pelo homem à mulher, pelo menos em fantasma, fundando essa relação no rapto e na submissão; a seguir, é sobretudo a guerra feita por Picasso à pintura, a bela pintura, limpa, ordenada, racional, da qual Poussin pode ser visto como o exemplo. Pois ele pinta sem delicadeza, sem contenção, em gestos rápidos, que deixam escorrer a tinta ou se partem em salpicos. Em 1963, faz esta anotação num caderno:

> A pintura é mais forte que eu, ela me faz fazer o que ela quer.

O velho pintor é mais livre, mais veemente, mais audacioso, menos refinado do que nunca, e ninguém pode dizer, diante dessas pinturas, se ele tem simpatia pelos guerreiros ou piedade por suas vítimas. O essencial, no fundo, talvez não esteja aí, mas nessa maneira de forçar os limites da pintura. Imaginamos o que pensariam Cézanne e Matisse desse teatro da crueldade proposto, oposto pelo admirador deles. Certamente ficariam menos chocados pelos numerosos retratos de Jacqueline que, no mesmo momento, são a outra face desse artista contraditório, difícil de se apreender. Ele se entrega a uma intensa celebração da esposa em pintura, desenho, gravura, cerâmica e principalmente escultura, multiplicando as imagens dela na técnica da chapa metálica recortada, da qual é um virtuose.

Não para de trabalhar, de produzir inúmeras obras, numa espantosa diversidade de temas e estilos. E volta ao persistente *leitmotiv* que é *O pintor e seu modelo* – constante interrogação sobre o ato de pintar que está no centro de sua vida. Trabalha numa urgência cada vez mais intensa. Do tempo de outrora, em breve ele será um dos últimos, o último talvez. Braque morre, com um grande funeral orquestrado por André Malraux, ministro da Cultura. Depois é Jean Cocteau. Fernande, na miséria, precisa de sua ajuda para sobreviver. Sabartés, que não se ocupa mais de seus negócios em Paris, conseguiu, apesar de uma hemiplegia, realizar um sonho: a abertura, em Barcelona, de um museu Picasso, ao qual doou sua coleção e que é inaugurado em 10 de março de 1963. Na ausência de Pablo, claro, e sem colocar-se a placa mencionando a denominação – por razões técnicas, conforme se disse, mas que eram evidentemente políticas.

Em Mougins, Picasso está cada vez mais solitário. Abandona Vauvenargues, ignora La Californie, não vai mais a Paris, exceto para submeter-se a uma intervenção cirúrgica. Pinta, não para de pintar. Grava também constantemente placas de cobre que os irmãos Crommelynck, seus vizinhos, apressam-se em imprimir. Sobretudo, que não o distraiam! Filhos, netos, não tem mais tempo de dar-lhes atenção. Mas por que Françoise retorna tão agressivamente em sua vida? Ela publica um livro de lembranças, *Vivre avec Picasso* [Viver com Picasso], redigido com a ajuda de um colaborador, Carlton Lake. Nesse livro não se mostra escandalosamente indiscreta, mas a imagem do artista célebre que foi seu amante e que é o pai de seus filhos não está talhada no mármore que convém aos heróis. O rei é posto a nu. Assim despido, o personagem involuntário dessa obra, cuja publicação tentou impedir, fica furioso e despeja sua cólera sobre Claude e Paloma, que ele não quer mais ver. Por mais que chamem ao portão de Notre-Dame-de-Vie, este não se abrirá para eles. Os amigos de *Les Lettres françaises* apoiam Picasso, organizando uma campanha de protesto na qual arrastam muitos escritores e artistas, que curiosamente não percebem o ridículo da situação.

Mas a vida continua, em pintura e em gravura. Jacqueline cuida cada vez com mais firmeza desse soberano que ela endeusa, e que recorre a ela para tudo o que não é seu reino, sua arte. A tal ponto que ele parece submetido a ela como nunca foi por nenhuma outra mulher. Pouco importa. Enquanto tiver energia, ele trabalha como Cézanne, que jurou morrer com o pincel na mão. E pode permitir-se tudo. O rei zomba da etiqueta, de seus súditos, de seus supostos deveres. Ele sempre foi, mais ou menos, seu próprio bufão e agora pode sê-lo mais do que nunca, em toda a liberdade, praticando uma "linguagem de urgência" num "frenesi da pincelada" (Marie-Laure Bernadac), elaborando um "arrazoado em favor do poder lírico da imagem pintada". E ele se faz regiamente bufão da pintura ao pintar, depois das *Sabinas*, ridículos e grotescos *Mosqueteiros*, piores que picadores de tourada provinciana, lambuzados de tinta. O poeta Rafael Alberti vê aí um retorno perturbador da nostalgia espanhola. Concordemos com ele e acrescentemos esse ponto à visão autobiográfica da pintura de Pablo Picasso, mas vejamos sobretudo, nessa insolente série de quadros, o magistral deboche de um rei-bufão no momento em que Paris faz dele o rei-sol da pintura do século XX.

Uma dupla exposição, enorme, organizada por Jean Leymarie, com a bênção amistosa, literária e republicana do ministro André Malraux, é organizada em 1966 no Grand Palais e no Petit Palais, em Paris. Cerca de trezentas pinturas, mais desenhos e esculturas. Mas tanta glória não é suficiente para salvar o ateliê da Grands-Augustins. Como o duplo apartamento, alugado, não é mais habitado e se reduz ao estado de guarda-móveis, seu proprietário quer recuperá-lo, e mesmo André Malraux nada pode contra a lei. O que não faz rir o bufão e desagrada o rei. No ano seguinte, porém, ele se alegra de ver a cidade de Basileia mobilizar-se para adquirir dois quadros antigos dele, *Os dois irmãos* e *Arlequim sentado*, postos à venda por uma família suíça em dificuldade financeira: uma grande subscrição é lançada com sucesso para completar uma subvenção insuficiente, mas esta última, questionada, precisa submeter-se à decisão de um referendo. Por 55% dos votos, a subvenção é confirmada e os dois quadros podem ser adquiridos, o que dá ensejo a uma grande festa pública em homenagem a Picasso que, muito comovido, oferece à cidade outras quatro grandes telas.

Mesmo ferido, o velho leão não se deixa morrer. Põe sua violência (que ainda tem de sobra) na gravura. "Ataca" o cobre, como se diz, para fazê-lo produzir 347 gravuras que são expostas na galeria Louise Leiris em dezembro de 1968. Os acontecimentos de maio não o perturbaram, mas os dirigentes do Partido Comunista, por deferência política, vêm contemplar essas obras recentes. Picasso também pinta, *Beijos*[*Baisers*], *Casais* [*Couples*], uma produção fantástica de erotismo e humor, como em *O pintor e a criança* [*Le Peintre et l'enfant*], uma grande tela que mostra um pintor recostado brincando com um alegre bebê que agita um pincel. Ele se diverte, o que é o melhor meio de não morrer. Pelo menos enquanto está vivo. Pensa também no que há de ser seu reino após a morte. Em Paris começam a falar seriamente em dedicar-lhe um museu se ele fizer uma importante doação, mas é ao museu de Barcelona que ele faz uma, cedendo quadros deixados outrora com a mãe. Seus sobrinhos, filhos de Lola, que recebem cada qual uma tela, veem partir com pesar esse patrimônio que conservavam. Tanta generosidade pública em vista de uma glória póstuma e tão pouco para a família...

Mas Picasso nunca foi muito claro com a família, e é para esclarecer sua própria situação que Claude, que tem motivos de queixa contra esse pai que lhe fechou a porta, reclama diante da justiça ser reconhecido por ele. Um processo? Isso surpreende Pablo, que não vê o interesse de tal formalidade, enquanto a imprensa se excita com mais uma história picante do Dom Juan da arte moderna. Ele pode sorrir por ser agora o hóspede do palácio dos Papas em Avignon, onde são expostos, na primavera de 1970, 167 quadros e 45 desenhos recentes.

> É o grande carrossel picassiano, escreve Pierre Cabanne. Nada em comum com as retrospectivas em parte didáticas, em parte sintéticas anteriormente organizadas; aqui o rio não é contido pela história, ele corre em borbotões com seus resíduos, sua escória, atacando os muros, agredindo a multidão...[3]

Mas em dezembro seguinte, quando deve ser inaugurada a doação feita ao museu de Barcelona, aumentado para a ocasião, ele pede que seja anulada toda cerimônia, porque Franco ainda está no poder e um conselho de guerra acaba de condenar à morte seis autonomistas bascos.

Em breve festejará os noventa anos, e o erotismo ainda é uma dimensão essencial da obra a que continua a dedicar-se com uma energia espantosa. Em 19 de novembro, representou com uma precisão implacável um coito apaixonado, intitulado simplesmente de *O amplexo* [*L'Étreinte*]. Na primavera de 1971, quando expõe cerca de duzentas obras em papel na galeria Louise Leiris, grava em água-forte uma série de estampas inspiradas nos onze monotipos gaiatos de Edgar Degas, que ele possui. Em 14 de abril, pinta *O jovem pintor* [*Le Jeune Peintre*]... Durante o verão, pinta várias mulheres nuas cuja figuração nada tem de platônica. Generoso, confia 57 desenhos (que acabará doando) ao pequeno museu Réattu de Arles, porque simpatiza com seu curador. Otimista, ele gostaria, para trabalhar ainda mais, de acrescentar um andar à casa de Notre-Dame-de-Vie, mas a licença de construção lhe é recusada, o que o deixa furioso: como pode uma norma administrativa insultar desse modo um gênio, sem que uma alta autoridade intervenha para anulá-la? Mas em Paris seus noventa anos são festejados com a exposição, na Grande Galeria do Louvre, de oito telas pertencentes a coleções nacionais e cuja apresentação pública é inaugurada pelo presidente da República, Georges Pompidou. Outras homenagens, no mundo, testemunham sua soberania sobre a arte de seu tempo. Mesmo em Madri, onde uma homenagem lhe é prestada na faculdade de ciências por opositores ao regime franquista reunidos em torno do crítico de arte José Maria

Moreno Galván, que declara que o maior espanhol do século XX é Pablo Picasso e paga esse insulto a Franco com dois anos de prisão. Em vão 56 artistas ocupam uma sala do museu do Prado para protestar, nenhuma clemência abrandará a sentença. Mas Picasso sente o cansaço, está ficando surdo (como Goya!), emagrece, permanece seguidamente deitado. Mesmo assim trabalhando, pintando sempre que pode e capaz ainda de um quadro esplêndido, traçado com autoridade, como a *Paisagem* de Mougins, num tom dominante cinza misturado de verde e azul. Pelo menos desenhando com lápis de cor, mulheres ainda, nus, um *Autorretrato* firme, grave, marcado por traços fortes que mostram um rosto geométrico, de frente, no qual cintilam seus grandes olhos negros. Recebe também visitas, os Pignon, sempre fiéis; Pierre Daix, que será um dos melhores especialistas de sua vida e de sua obra; Louis Aragon, perdido de vista desde quinze anos e perdoado por ter preferido Matisse a ele; às vezes também Paulo, o filho legítimo.

Jacqueline, soberana possessiva, suporta mal esse final de reinado. O rei está morrendo. Pablo Picasso morre em 8 de abril de 1973.

ANEXOS

Cronologia

1881 – 25 de outubro: nascimento em Málaga (Espanha) de Pablo Ruiz y Picasso, primeiro filho de José Ruiz y Blasco e de Maria Picasso y Lopez.

1884 – Nascimento de Lola, primeira irmã de Pablo.

1887 – Nascimento de Maria de la Concepción, dita Conchita, segunda irmã de Pablo.

1891 – José Ruiz y Blasco instala-se com a família em La Coruña, onde ensina desenho na Escola de Belas-Artes.

1895 – 10 de janeiro: a morte de Conchita afeta seriamente o irmão. José Ruiz y Blasco torna-se professor na Escola de Belas-Artes de Barcelona, na qual Pablo ingressa como estudante.

1896 – *A primeira comunhão* é exposta na III Exposição de Belas-Artes de Barcelona.

1897 – *Ciência e caridade* obtém uma menção honrosa na Exposição Geral de Belas-Artes de Madri e uma medalha de ouro em Málaga. No outono, Pablo parte para Madri. Ali permanece no período de um ano escolar, estudando na academia San Fernando.

1898 – Temporada em Horta de San Juan, com seu amigo Manuel Pallarés.

1900 – Pablo expõe uma série de retratos no Els Quatre Gats, em Barcelona. Sua tela *Os últimos momentos* faz parte das obras que representam a Espanha na Exposição Universal de Paris, onde ele passa três meses em companhia de seu amigo Carles Casagemas. Conhece seus primeiros *marchands*: Pere Manyac (ou Mañach) e Berthe Weill.

1901 – Temporada (três meses) em Madri, onde é diretor artístico da revista *Arte Joven*. Exposição de pastéis em

Barcelona e de pinturas na galeria de Ambroise Vollard, em Paris, onde permanece seis meses e faz amizade com Max Jacob. *Autorretrato azul.*

1902 – Tendo voltado a Barcelona em janeiro, parte novamente em outubro para Paris, onde ficará até o final do ano. Nesse mesmo ano, em 17 de fevereiro, o suicídio de Casagemas o abala.

1904 – Abril: instalação definitiva em Paris, onde encontra um ateliê no Bateau-Lavoir.

1905 – Conhece Guillaume Apollinaire e Gertrude Stein. Início da ligação amorosa com Fernande Olivier. *Os saltimbancos.* Viagem à Holanda.

1906 – Conhece Matisse. Temporada em Gosol, no verão, com Fernande. *Retrato de Gertrude Stein.*

1907 – *Les Demoiselles d'Avignon.* Conhece Daniel-Henry Kahnweiler.

1908 – Novembro: Picasso organiza em seu ateliê uma festa em homenagem ao *douanier* Rousseau.

1909 – Temporada em Horta de San Juan com Fernande. O casal se instala no Boulevard de Clichy.

1910 – *Retrato de Kahnweiler.*

1911 – Temporada em Céret, com Fernande e Georges Braque. O roubo da *Gioconda* traz à tona um caso anterior, o roubo de estatuetas ibéricas no qual Apollinaire e Picasso se veem involuntariamente envolvidos.

1912 – Em Céret, depois em Vaucluse, com Eva Gouel, sua nova companheira. O casal se instala no Boulevard Raspail em setembro.

1913 – Nova temporada em Céret. Morte, em Barcelona, de José Ruiz y Blasco. Mudança para a Rue Schoelcher.

1914 – Picasso está em Avignon com Eva, Braque e Derain no momento da declaração da guerra.

1915 – Início da amizade com Jean Cocteau. – 14 de dezembro: morte de Eva.

1916 – Instala-se em Montrouge.

1917 – Viagem a Roma com Jean Cocteau a fim de realizar figurinos e cenários de *Parade*, para os Balés Russos (música de Erik Satie). Picasso se apaixona por Olga Kokhlova, uma das dançarinas da trupe. – 18 de maio: estreia de *Parade* no teatro dos Champs-Élysées. Passa vários meses em Barcelona, acompanhando os Balés Russos. Olga separa-se da trupe para viver com ele em Paris.

1918 – Janeiro: Picasso e Matisse expõem juntos na galeria Paul Guillaume. – Julho: casamento com Olga. – 9 de novembro: morte de Apollinaire. Muda-se para a Rue La Boétie.

1919 – Em Londres com Olga, onde reencontram os Balés Russos, com os quais Picasso colabora novamente para *O tricórnio* de Manuel de Falla.

1920 – O casal passa o verão em Juan-les-Pins.

1921 – 4 de fevereiro: nascimento de Paulo Ruiz Picasso, filho de Pablo e de Olga.

1922 – Verão em Dinard.

1923 – Retorno ao Midi (sul da França) no verão (isto se repetirá até 1927). Jacques Doucet, aconselhado por André Breton, adquire *Les Demoiselles d'Avignon.*

1924 – Exposição na galeria Paul Rosemberg. Verão em Juan-les-Pins. Os surrealistas publicam uma *Homenagem a Picasso.*

1926 – Nova exposição na Paul Rosemberg.

1927 – Início da ligação com Marie-Thérèse Walter.

1928 – Férias em família em Dinard, onde está também Marie-Thérèse.

1929 – *Grande nu na poltrona vermelha.*

1930 – Retorno a Juan-les-Pins. Marie-Thérèse está também nos arredores. Aquisição do castelo de Boisgeloup.

1931 – Exposições em Nova York e em Londres.

1932 – Retrospectiva Picasso na galeria Georges Petit.

1933 – Fernande Olivier publica seu livro de lembranças, *Picasso et ses amis.*

1934 – Viagem à Espanha com Olga e Paulo.

1935 – Olga e Pablo se separam. Nascimento de Maya, filha de Marie-Thérèse. Jaume Sabartés instala-se em Paris, onde será o mais próximo colaborador de Picasso. *A Minotauromaquia* (gravura).

1936 – Conhece Dora Maar. Exposição em Barcelona, Madri e Bilbao. Temporada em Juan-les-Pins com Marie-Thérèse e Maya.

1937 – Instala-se na Rue des Grands-Augustins. *Guernica. A mulher que chora.*

1939 – Morte de Maria Picasso y Lopez, mãe de Pablo. No começo da guerra, parte com Dora e Sabartés para Royan, onde já se encontra Marie-Thérèse. *Pesca noturna em Antibes.*

1940 – Retorno a Paris.

1941 – Picasso escreve uma peça de teatro, *O desejo pego pelo rabo.*

1942 – *Cabeça de touro* (escultura por *assemblage*).

1943 – Maio: conhece Françoise Gilot.

1944 – Outubro: adesão ao Partido Comunista. O Salão de Outono o homenageia, dedicando-lhe uma exposição particular.

1945 – Durante o verão, Picasso rompe com Dora. *O ossário.*

1946 – Retrospectiva no Museu de Arte Moderna de Nova York. Temporada no Midi com Françoise. Primeiro contato com a cerâmica, em Vallauris. Picasso pinta afrescos no castelo Grimaldi, em Antibes.

1947 – Nascimento de Claude, filho de Françoise. Férias em Golfe-Juan com Maya e Paulo.

1948 – Visita à Polônia, por ocasião do Congresso Mundial para a Paz. Exposição de cerâmicas na Maison de la Pensée Française, em Paris.

1949 – Nascimento de Paloma, filha de Françoise. A pomba torna-se o emblema do Movimento da paz. Exposição e pinturas na Maison de la Pensée Française.

1950 – *O homem com o cordeiro* é instalado na praça principal de Vallauris.

1951 – Início da ligação com Geneviève Laporte. *Massacres na Coreia.*

1952 – *A guerra e a paz.* Nova peça de teatro: *As quatro meninas.*

1953 – O retrato de Stálin desenhado por Picasso aparece na primeira página de *L'Humanité* e choca os comunistas dogmáticos. Temporada em Perpignan. Françoise e Pablo se separam.

1954 – Início da ligação com Jacqueline Roque. *As mulheres de Argel*. Retratos de Sylvestre David.

1955 – Aquisição, em Cannes, da mansão La Californie, na qual se instala com Jacqueline.

1956 – Exposição em Barcelona. Picasso manifesta publicamente seu descontentamento com a atitude da União Soviética na Hungria.

1958 – Realização de uma grande pintura, *A queda de Ícaro*, para a sede da Unesco em Paris. Aquisição do castelo de Vauvenargues. *As meninas.*

1961 – Casamento com Jacqueline Roque. Grande festa em Vallauris por seu octogésimo aniversário. Aquisição da propriedade Notre-Dame-de-Vie, em Mougins.

1963 – Inauguração do Museu Picasso, em Barcelona.

1965 – Françoise Gilot publica seu livro de lembranças, *Vivre avec Picasso*. Breve retorno a Paris para uma intervenção cirúrgica.

1966 – Grande retrospectiva no Grand Palais e no Petit Palais, em Paris. O castelo Grimaldi de Antibes torna-se Museu Picasso.

1967 – Recusa da Legião de Honra. Abandono forçado do ateliê da Rue des Grands-Augustins.

1970 – Picasso doa ao Museu Picasso de Barcelona suas obras de juventude, que haviam sido conservadas em sua família. Exposição no Palácio dos Papas, em Avignon.

1971 – Doação de 57 desenhos ao museu Réattu de Arles. Oito telas de Picasso são penduradas na Grande Galeria do Louvre.

1973 – 8 de abril: Picasso morre em Mougins. Ele é enterrado em Vauvenargues.

Bibliografia selecionada

Os livros dedicados à vida e à obra de Picasso são muito numerosos. Citamos aqui os que, de uma maneira ou de outra, serviram para a elaboração de nosso relato. Devemos mencionar uma dívida particular em relação aos trabalhos de Pierre Cabanne, Pierre Daix e John Richardson.

APOLLINAIRE, Guillaume. *Oeuvres en prose complètes.* T. II, Paris: Gallimard, Bibl. de la Pléiade, 1991.

ARNAUD, Claude. *Cocteau.* Paris: Gallimard, 2003.

ASSOULINE, Pierre. *L'Homme de l'art.* Paris: Balland, 1988; Paris: Gallimard, Folio, 1989.

BERGER, John. *La Réussite et l'échec de Picasso,* trad. Jacqueline Bernard. Paris: Denoël, 1968; Paris: Spartacus, 1975.

BERNADAC, Marie-Laure; DU BOUCHET, Paule. *Picasso. Le Sage et le fou.* Paris: Gallimard, 1986.

BRASSAÏ. *Conversations avec Picasso.* Paris: Gallimard, 1964.

CABANNE, Pierre. *Le Siècle de Picasso.* Paris: Denoël, 1975 (2 volumes); Paris: Gallimard, 1992, 4 vol.

Coletivo. *Le Dernier Picasso.* Paris: Centre Georges-Pompidou, 1988.

Coletivo. *Picasso. La monographie, 1881-1973.* Prefácio de Jean Leymarie, textos de Brigitte Leal, Christine Piot, Marie-Laure Bernadac; Paris: La Martinière, 2000.

DAIX, Pierre. *Dictionnaire Picasso.* Lafont. Paris: Bouquins, 1995.

FERRIER, Jean-Louis. *De Picasso à Guernica.* Paris: Denoël, 1985; Paris: Hachette-Littérature, Pluriel, 1998.

GIDEL, Henry. *Picasso.* Paris: Flammarion, 2000.

LAKE, Carlton; GILOT, Françoise. *Vivre avec Picasso.* Paris: Calmann-Lévy, 1965; Paris: 10/18, 2006.

LAPORTE, Geneviève. *Un amour secret de Picasso.* Paris: Du Rocher, 1989.

LE THOREL-DAVIOT, Pascale. *Picasso au fil des jours.* Paris: Buchet-Chastel, 2003.

MOUSLI, Béatrice. *Max Jacob.* Paris: Flammarion, 2005.

O'BRIAN, Patrick. *Pablo Ruiz Picasso.* Paris: Gallimard, 1979; Folio, 2001.

OLIVIER, Fernande. *Picasso et ses amis.* Prefácio de Paul Léautaud. Paris: Pygmalion, 2001.

Ortiz, Alicia Dujovne. *Dora Maar prisonnière du regard.* Paris: Grasset, 2003; Paris: LGF, Le Livre de Poche, 2005.

PARMELIN, Hélène. *Picasso sur la place.* Paris: Juliard, 1959.

PENROSE, Roland. *Picasso.* Paris: Flammarion, 1985; Champs, 1996.

PICASSO, Marina. *Grand-père.* Paris: Denoël, 2001; Gallimard, Folio, 2003.

PICASSO, Pablo. *O desejo pego pelo rabo.* Trad. Marina Appenzeller. Porto Alegre: L&PM, 1977.

_____________ *Écrits.* Edição de Marie-Laure Bernadac e Christine Piot. Prefácio de Michel Leiris. Paris: Gallimard, 1989.

POLIZZOTTI, Mark. *André Breton.* Paris: Gallimard, 1999.

RICHARDSON, John. *Vie de Picasso.* v. 1. Paris: Le Chêne, 1992.

STEIN, Gertrude. *Autobiografia de Alice B. Toklas.* Porto Alegre: L&PM, 2006.

SOLLERS, Philippe. *Picasso le héros.* Paris: Cercle d'art, 1996.

TABARAUD, Georges. *Mes années Picasso.* Paris: Plon, 2002.

VALLENTIN, Antonina. *Picasso.* Paris: Albin Michel, 1957.

WIDMAIER PICASSO, Olivier. *Picasso, portraits de famille.* Paris: Ramsay, 2002; Assouline, 2004.

Notas

A revolução num bordel

1. Jean-Louis Ferrier. *De Picasso à Guernica.* Paris: Hachette, 1998.

2. Michel Leiris. *La Règle du jeu.* Paris: Gallimard, Bibliothèque de la Pléiade, 2003.

Mundanidades e surrealismo

1. Guillaume Apollinaire. "Programme de *Parade*" (maio de 1917). Gallimard, Bibliothèque de la Pléiade, t. II, 1991.

2. Paul Morand. *Journal d'un attaché d'ambassade* (1916-1917). Gallimard, 1996.

3. *Le Siècle de Picasso.* Gallimard, Folio, 1992, t. II.

4. Pierre Cabanne, *ibid.*

5. *Ibid.*

O Minotauro

1. Brassaï. *Conversations avec Picasso.* Gallimard, 1964.

2. Picasso. *Écrits.* Gallimard, 1989.

3. Jean-Louis Ferrier. *De Picasso à Guernica.* Hachette--Littérature, Pluriel, 1998.

Pintar apesar de tudo

1. Antonina Vallentin. *Picasso.* Albin Michel, 1957.

2. Pierre Daix. *Dictionnaire Picasso.* Robert Laffont, Bouquins, 1995.

3. Citado por Pierre Daix em seu *Dictionnaire Picasso, op. cit.*

4. Françoise Gilot. *Vivre avec Picasso.* Calmann-Lévy, 1991; 10/18, 2006.

5. Brassaï. *Conversations avec Picasso.* Gallimard, 1964.

Comunista e *superstar*

1. Citado por Patrick O'Brian em *Pablo Ruiz Picasso*. Gallimard, 1979.

2. Roland Penrose. *Picasso*. Flammarion, 1996.

3. Patrick O'Brian. *Pablo Ruiz Picasso, op. cit.*

4. Harry Truman. *Mr. le president: carnets, lettres, archives et propos*. Amiot Dumont, 1952.

O velho leão

1. John Berger. *La Réussite et l'échec de Picasso*. Denoël, 1968.

2. Marina Picasso. *Grand-Père*. Gallimard, Folio, 2001.

3. *Le Siècle de Picasso, op. cit.*, t. IV.

Sobre o autor

Escritor, pintor, fotógrafo, Gilles Plazy publicou cerca de quarenta obras (poemas, ensaios, ficção, documentos), entre as quais várias biografias (Gustave Courbet, Eugène Ionesco, Marlene Dietrich) e um bom número de estudos de história da arte, sobre o impressionismo, Fra Angelico, Paul Cézanne, o douanier Rousseau, a pintura abstrata...

Agatha Christie®

"Uma delícia de ler." The Times
Agatha Christie
AUTOBIOGRAF
Agatha Christie
MISS MARPLE
todos os romances
Primeiro volume
Assassinato na casa do pastor
Um corpo na biblioteca
A mão misteriosa
Convite para um homicídio
Agatha Christie
POIROT
QUATRO CASOS CLÁSSICOS
TRÁGEDIA EM TRÊS ATOS
CIPRESTE TRISTE
MORTE NA PRAIA
A MANSÃO HOLLOW
Agatha Christie®
EM TODOS OS FORMATOS
AGORA TAMBÉM EM FORMATO TRADICIONAL (16x23)
AGATHA CHRISTIE
MISTÉRIOS DOS ANOS 30
O mistério Sittaford
Por que não pediram a Evans?
É fácil matar
AGATHA CHRISTIE
MISTÉRIOS DOS ANOS 40
M ou N?
Hora Zero
Um brinde de cianureto
A Casa Torta
AGATHA CHRISTIE
MISTÉRIOS DOS ANOS 50
Aventura em Bagdá
Um destino ignorado
Punição para a inocência
O Cavalo Amarelo
AGATHA CHRISTIE
MISTÉRIOS DOS ANOS 60
Noite sem fim
Um pressentimento funesto
Passageiro para Frankfurt
Portal do destino
L&PM EDITORES